INSTITUTION SAINTE-MARIE
DE BESANÇON

NOTES

ET

SOUVENIRS

BESANÇON

IMPRIMERIE HENRI BOSSANNE, 19, RUE RONCHAUX

1899

NOTES

ET

SOUVENIRS

BESANÇON

IMPRIMERIE HENRI BOSSANNE, 19, RUE RONCHAUX

—

1899

Les pages qu'on va lire ont été destinées à grossir d'une manière utile l'Annuaire que publie l'Association des anciens élèves de l'Institution Sainte-Marie et qu'elle distribue à ses Sociétaires à la fin de la présente année. On y évoque le souvenir d'un passé déjà lointain et on y raconte la chronique de l'établissement pendant la période scolaire 98-99.

Il nous a semblé qu'à des titres divers ces détails pourraient plaire à d'autres lecteurs qu'à MM. les membres de l'Association amicale et nous pensons bien faire en les extrayant de l'Annuaire.

Puisse cette lecture intéresser la curiosité de ceux qui désirent connaitre les humbles origines de notre œuvre et suivre par le menu la façon dont elle fonctionne aujourd'hui! puisse-t-elle aussi nous assurer leur bienveillante sympathie!

Besançon, 15 décembre 1899.

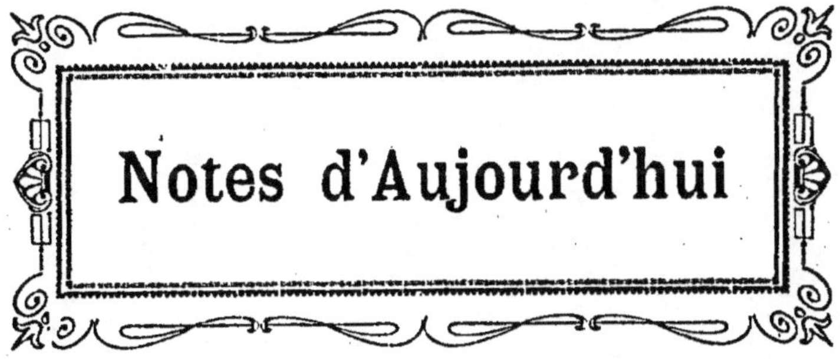

Notes d'Aujourd'hui

SOUVENIRS

DE L'ANNÉE 1898-1899

Le 28 juillet 1898, date de la distribution des prix, est aussi celle à laquelle reprend notre simple chronique destinée à conserver les souvenirs de notre famille écolière et à porter les détails intimes de notre vie aux anciens élèves, dispersés mais non indifférents à leur chère maison des Frères de Marie.

Les résultats des examens subis par nos candidats sont déjà inscrits à l'annuaire de 1898 ; ils étaient, grâce à Dieu, satisfaisants : 74 bacheliers, dont 21 avec la mention *assez bien*, 1 avec la mention *bien* (1).

On profita du temps des vacances pour réaliser une amélioration notable : c'est le remplacement des anciens calorifères à air chaud par le chauffage à la vapeur sous basse pression.

Vers la fin de septembre, un évènement important se produisit : le Directeur, M. l'abbé Janney, était appelé au Collège Stanislas, de Paris, comme directeur d'une section de cet établissement ; et son successeur était M. l'abbé Rousseau, ancien élève et ancien professeur. De justes regrets et les vœux les plus sincères suivirent dans sa nouvelle résidence ce prêtre qui fut pendant *vingt-trois ans* notre professeur de rhétorique, infatigable à la tâche, d'ailleurs récompensé de sa peine par de constants et remarquables succès.

(1) Voir *Annuaire* de 1898, p. 86 et *Palmarès* de 1899, p. 3.

Le 5 octobre la rentrée se fit et le travail reprit son cours paisible et régulier.

On entrait en retraite le 20 du même mois; les exercices furent donnés avec une chaude et virile éloquence par M. l'abbé Payen, chanoine honoraire, aumônier militaire de Besançon, qui est aussi un ami très ancien, très apprécié à l'Institution. Par une innovation, dont les avantages sont maintenant une chose constatée, les moyens et les petits ont seuls participé à cette première retraite et s'y sont retrempés dans la foi et l'esprit de travail.

Le 17 novembre s'ouvrit à Besançon le Congrès national de l'Association catholique de la Jeunesse française. C'était une trop belle occasion pour que l'on se condamnât à demeurer en dehors de cette manifestation grandiose. Durant les séances de jour qui se tenaient au Cercle Saint-Joseph, on conduisit donc plusieurs fois les classes supérieures, et les élèves qui étaient curieux de ce spectacle, nouveau pour eux, attestèrent qu'ils n'avaient pas été déçus; loin de là. Chaque soir, les grandes réunions avaient lieu au Kursaal, dont la vaste enceinte était remplie; à ce régal d'éloquence que servirent tour à tour MM. l'abbé Lemire, le député Lerolle, l'académicien Brunetière et le député de Mun purent assister la division des grands et les élèves de Seconde. L'élite des jeunes déjà militants était à Besançon pour ce Congrès; et l'Institution fut honorée de leur visite, même de leur parole. MM. Sangnier-Lachaud et Nicolardot voulurent bien traiter en camarades les élèves de l'Institution et leur tracer un programme d'action catholique et de formation sociale au Collège. Monsieur le Directeur, invité par les organisateurs du Congrès à donner l'allocution de la Messe, le vendredi 18, prononça dans l'église de Saint-Maurice, en présence de Monseigneur l'Archevêque, une harangue dont le texte a été publié *in extenso* dans le compte rendu du Congrès (1). En résumé, journées brillantes et fécondes en utiles enseignements.

(1) Voir page 255.

Aussitôt après le Congrès, les diverses Associations de l'Institution plus activement que jamais reprirent leurs assemblées régulières ; elles s'étaient donné pour Présidents :

Congrégations : M. Camille Loutz (section des grands), M. Henri Faivre (section des moyens), M. André Renaud (section des petits).

Conférence de Saint-Vincent de Paul : M. Gabriel Vaucher.

Académie d'émulation : M. Gaston Strarbach.

C'est le 1er décembre qu'a été ouverte la 2e retraite, spécialement destinée aux classes supérieures. Le prédicateur choisi était M. L. Riest, supérieur de la maison d'études où les jeunes abbés de la Congrégation des Frères de Marie parcourent le cercle des sciences théologiques, avant leur élévation à la prêtrise. La parole lumineuse, pleine de doctrine, qu'ils entendaient, les entretiens intimes où ils ouvraient largement leur âme, tout a contribué à faire de cette retraite un instrument de renouvellement et de progrès pour les élèves qui l'ont suivie.

La première séance académique de l'année eut lieu le 15 décembre, sous la présidence de M. le Directeur ; elle inaugura brillamment les travaux de la docte Compagnie.

Le Dimanche, 25, jour de Noël, autre séance, offerte par la Congrégation des petits (section des Saints Anges) à leurs jeunes camarades « *les Minimes* ». Programme charmant qui avait attiré non seulement les bébés de 8e, 9e et 10e, mais leurs mères, leurs sœurs, voire leurs chers papas. Romances, petites déclamations, projections superbes à la lumière électrique, enfin arbre de Noël, quelle fête gentille, et comme tous s'en allèrent ravis de la nouveauté !

Le 8 janvier, les Grands eurent aussi leur arbre de Noël mais d'un autre genre ; sous l'impulsion d'une pensée délicate et d'un amour condescendant pour les pauvres, ils envoyèrent à l'Asile des Petites-Sœurs une députation qui paya *les Rois* aux vieux et aux vieilles avec les gourmandises variées, que la charité leur avait fait prélever sur leurs étrennes. Audition de phonographe, déclamations, charges comiques, égayèrent les assistants, transportés d'enthousiasme ; ces vétérans, fatigués des luttes âpres de leur vie, passèrent ainsi quelques joyeux moments ; à de pareils délassements la jeunesse ne gagne-t-elle pas plus que ses convives, si tendrement fêtés ?

L'Académie donna sa deuxième séance le 26 janvier ; les frais en furent faits par la classe de Rhétorique, qui avait été invitée à concourir en prose et en vers sur ce thème séduisant : *Dialogue de l'épée et du livre.* Le lauréat de cette joûte littéraire fut M. René Carrelet, qui donna lecture de sa composition versifiée et recueillit des applaudissements mérités.

Avec le Mardi-gras, d'autres réjouissances assemblèrent tous les élèves au réfectoire, paré pour la circonstance ; l'estrade agrandie offrait aux yeux de l'assistance un étalage séduisant d'objets variés et nombreux : on allait procéder au tirage de la loterie qui est organisée annuellement par la Conférence de Saint-Vincent de Paul, et qui en forme la ressource principale. La soirée n'avait pas que cette attraction ; tout y avait été réuni : discours, monologues, musique, comédie. Le classique graphophone tenait la place d'honneur, et avant de faire les délices de son heureux possesseur (1), il devait charmer les oreilles d'une foule attentive. La loterie a rapporté un bénéfice net de 1,200 francs. Un tel résultat qui n'avait pas encore été obtenu est une preuve de la vitalité de la Conférence.

Le jeudi 23 février, le sacrement de Confirmation fut solennellement administré par Mgr l'Archevêque dans la chapelle de l'Institution ; nous inscrivons ici les noms des élèves qui eurent le bonheur de recevoir l'Esprit-Saint :

(1) Ce lot fut gagné par Maurice Berthier de la classe de Lettres-Mathématiques.

Jean BERVILLER.

Marcel BÉVALOT.

Henri BOURGEOIS.

Marcel BRAYER.

Gustave CARRELET.

Georges CHAPUIS.

Henri CUINET.

Pierre GUIOT.

Henri HABERT.

Auguste HUGON.

Jean HUMBERT.

Justin HUMBERT.

Henri HUTIN.

Marcel JANNET.

Fernand DE LAYS.

Louis DE LURION.

Roger MARÉCHAL.

Maurice MARGELIN.

Antoine MONTANGE.

Georges MICHEL.

Auguste MICHELOT.

Nicolas NICOU.

Georges NIEF.

Emile PAGE.

Georges PICARD.

André REMY.

Roger DE RYMON.

Charles DE STE-AGATHE.

Benjamin VICHOT.

Au soir de ce grand jour, devait avoir lieu la séance publique offerte par l'Académie à S. G. Mgr Petit. Mais à cause des funérailles de M. Félix Faure, président de la République française, qui eurent lieu à cette date, on remit la fête à la huitaine. Ce n'en fut pas moins une soirée splendide ; le drame de François Coppée : *Pour la Couronne*, provoqua de longs et fréquents applaudissements.

Le Comité de l'Association amicale des anciens élèves avait fixé au 23 mars le service funèbre qui se célèbre chaque année pour les défunts de la Société. Les classes supérieures représentèrent la génération actuelle à cette réunion de famille.

Le banquet des anciens vint marquer d'une note gaie les vacances de Pâques ; c'est à cette occasion que l'Institution eut l'honneur de posséder pendant quelques jours un de ses anciens directeurs, M. l'abbé Prudham, qui aujourd'hui administre le Collège Stanislas, on sait avec quelle habileté, faite de tact et de dévouement.

La mort allait prélever sur nous son cruel impôt. Deux fois dans le dernier trimestre, elle frappa à notre porte ; le 27 avril, c'est un externe, Georges Chapuis, qui fut appelé à un monde meilleur, laissant dans le deuil une mère inconsolée. Il n'avait pas quatorze ans, mais il était si frêle !... La souffrance qui le tourmenta fut longue et violente, mais elle rencontra une âme forte et patiente au-delà de tout ce qu'on aurait attendu ; et il fallut qu'elle épuisât la vie de ce pauvre corps et la tarît jusqu'en sa source pour avoir raison de cette résistance.

Moins de trois semaines après, le pensionnat payait son tribut. Henri Lagèze, élève de Lettres-Mathématiques, était emporté en peu de jours par une pneumonie. Il était dans sa dix-huitième année, et devant lui s'ouvrait un avenir plein de promesses. Cependant il offrit généreusement son sacrifice au Bon Dieu, et sa fin fut adoucie par la foi et la piété dont il ne cessa de faire preuve, même au milieu des plus fortes crises.

Le dimanche 7 mai, la Conférence Saint-Vincent de Paul tenait, au grand réfectoire, son assemblée annuelle sous la présidence de M. Louis Gérardin qui est lui-même à la tête de la Conférence des étudiants. Plusieurs membres des autres conférences bisontines avaient répondu aux invitations envoyées, montrant par leur empressement l'intérêt qu'ils portent à la Conférence de Sainte-Marie.

Après la prière et la lecture règlementaire, le Secrétaire, M. Francis Sallet, donna lecture du rapport annuel sur la marche de la Conférence dans les mois précédents. Puis un des conseillers fit le tableau piquant d'une visite hebdomadaire aux diverses familles secourues. M. Jay, gardien du vestiaire, rendit compte de l'état du local confié à ses soins ; il fit cet exposé avec la clarté des chiffres et recueillit des applaudissements pour sa communication, qui fut complétée par le très suggestif rapport du trésorier, M. Strarbach, sur les finances prospères de la Conférence. M. le Président prit ensuite la parole et donna en ancien camarade à ses jeunes confrères les meilleurs conseils et les plus affectueux encouragements (1).

La retraite de la première communion (17 mai) fut prêchée par M. le missionnaire Goudot, ancien élève de l'Institution. La solennité fut célébrée le jour de la Pentecôte. Les privilégiés de la fête étaient au nombre de 22. Ce furent :

Jean BRALEZ.
Maurice CARTIER.
Joseph CERSOY.
Marcel CHENET.
Auguste CHÉRONNET.
Michel DRUHEN.
Henri FAVIER.
Jean FAUCOMPRÉ.
Joseph GALLIOT.
Paul MÉNÉLON.
Fernand MESSAGIER.
Henri MITTAINE.
Clément MONTANGE.
Maurice PERRET.
Paul PEROZ.
Xavier PETITJEAN.
René QUAIS.
Just RENAUD.
Georges REY.
Henri SCHWENGER.
Henri TALPAIN.
Charles VERNEREY.

Le dimanche 4 juin, la procession de la Fête-Dieu se déployait avec l'appareil accoutumé dans les cours de l'Etablissement. Les parents suivaient en grand nombre le T. S. Sacrement, montrant ainsi qu'ils étaient heureux d'unir leurs prières et leurs hommages à ceux de leurs fils.

Le pèlerinage annuel à la Basilique de Saint-Ferjeux se fit solennellement le 22 Juin. Un cantique aux saints patrons de Besançon ouvrit la cérémonie ; le Directeur, dans son allocution, traça le tableau de l'apostolat de l'Evêque Ferréol et du diacre Ferjeux ; puis eut lieu, devant le Saint-Sacrement, la cérémonie émouvante du renouvellement des promesses baptismales. Après la bénédiction, le chœur exécuta une cantate de circonstance et salua d'une dernière prière le tombeau de nos pères dans la foi.

(1) La Conférence a fait imprimer le compte rendu de cette Assemblée, et elle a offert cette brochure à ses bienfaiteurs et à chacun de ses membres.

La fête patronale des élèves de l'Institution, la traditionnelle fête de Saint Louis de Gonzague, célébrée le 25 Juin, fut rehaussée par un magistral discours d'un ancien élève, M. l'abbé Outhenin-Chalandre, aujourd'hui Supérieur des Missionnaires diocésains. *Ce que doit être le jeune homme chrétien, ce qu'il ne doit pas être,* tel est le thème suggestif qui fut brillamment développé par l'orateur et nettement mis au point pour ses auditeurs.

Une dernière fois avant les examens, le 9 Juillet, les élèves des classes supérieures montèrent au pieux sanctuaire de Notre-Dame des Buis, pour recommander à sa puissante intercession les examens imminents; ils y entendirent la Messe et reçurent la Sainte Communion. Ces mêmes élèves furent invités par le Comité de l'Association amicale à une réunion intime fixée au mercredi 19 Juillet; c'était dans l'intention de leur suggérer, avant leur départ, l'idée d'adhérer à l'Association. M. le Docteur Gomet s'était chargé de leur expliquer le but, le fonctionnement et les avantages de l'Association ; et il leur conseilla de nommer parmi les élèves sortants un *major de promotion* qui serait entre leur génération et l'Association amicale un intermédiaire tout trouvé, dans les circonstances où cette intervention serait utile. C'est à Gaston Strarbach que fut assigné par ses camarades ce rôle de chef de file, pour la promotion 98-99.

Le Jeudi 20 Juillet, l'Académie d'émulation clôtura ses travaux par une séance récréative dont les frais furent faits par les élèves de Seconde latine et Troisième moderne. A la fin de cette réunion, le président de l'Académie donna lecture des prix académiques mérités, dans le cours de l'année scolaire, par les élèves qui avaient soumis au jury un nombre suffisant de devoirs classiques sérieux et dignes d'éloges. Les noms des élèves couronnés sont mentionnés au Palmarès.

Le 27 Juillet, Monseigneur l'Archevêque présida la distribution des prix; Sa Grandeur voulut bien, en quelques paroles fortes et pénétrantes, buriner devant cette jeunesse attentive le *portrait de l'homme d'honneur* et le présenter à tous comme un modèle à copier.

Rappelons les noms des principaux lauréats :

Prix de l'Association des anciens élèves : Henri Bayard.

Prix d'excellence dans les diverses classes, Fernand Martin, Pierre Chanay, Pierre Poulot, Louis de Girval, Raoul Brenet, Henri Faivre, Maurice Daguet, Léon Bernard, Georges Faivre, Albert Schemidraire, Gustave Carrelet, André Fournaud, Charles Vernerey, Raymond Courbet, Jean Larivière, Nicolas Nicou, Louis Rossignot, Henri Picard.

Les résultats des examens subis par les élèves devant le jury de l'Académie de Besançon, ont été, Dieu aidant, très satisfaisants :

93 élèves présentés,

86 admissibles,

77 admis.

Voici les noms des lauréats:

PHILOSOPHIE

24 élèves présentés — 23 admissibles — 18 reçus

REÇUS

Charles BECK.

Paul BLANCHARD.

Charles BORY.

Basile CAMBOU.

Pierre DEMONTROND.
  (*mention assez bien*).

Joseph FARQUET.

Alfred FRITSCH.
  (*mention assez bien*).

Laurent JOANNÈS.

Georges LAGIER.

Fernand MARTIN.

Léon MATHEY.

Louis MERCIER.

Alphonse MISSLIN.

René PÉQUIGNOT.

Georges STEIB.

Édouard STŒBLEN.

Gaston STRARBACH.

Jean WINCKELBAUER.

ADMISSIBLES

Jérôme CASTRILLO.

Mariano FERNANDEZ.

Henri LEDOUX.

Jean MERCIER.

Fernand THUREL.

LETTRES — MATHÉMATIQUES

12 élèves présentés — 11 admissibles — 10 reçus

REÇUS

Léon BASSON.
Henri BAYARD.
Maurice BERTHIER.
  (*mention assez bien*).
Charles BOUVERET.
Gilbert CARRELET.
Pierre CHANAY.
  (*mention assez bien*).

Théodore DÉROBERT.
Louis MESSAGIER.
Francis SALLET.
Charles VORBE.

Albert DE VAULCHIER.
  admissible.

RHÉTORIQUE

48 élèves présentés — 45 admissibles — 44 reçus

REÇUS

Eugène AYMARD.
Adolphe BÉCHAUX.
  (*mention assez bien*).
Henri BÉCLÈRE.
Paul BEYNET.
  (*mention assez bien*).
Henri CARME.
René CARRELET.
Charles CHAVELET.
Augustin DELFOURD.
Georges DELUCENAY.
Antoine DIBLING.
  (*mention assez bien*).
René DUMONT.
César DURAND.
André FONCIN.
  (*mention assez bien*).
Michel FRITZ.

Charles FUCHS.
  (*mention assez bien*).
Henri GALLOT.
Maurice GAUDILLIÈRE
Charles DE GIRVAL.
Louis DE GIRVAL.
  (*mention assez bien*)
Philippe GRAU.
Pierre HORGASSAN.
Pierre INGOLD.
Joseph JACQUET.
Auguste JAY.
  (*mention assez bien*).
Marcel LAMY.
Louis LAVAIVRE,
Jean LIAUTEY.
Henri MARSOT.
Auguste MOHLER.
Charles DE MOLLANS

Emile Neubert,
 (*mention assez bien*).
Pierre Nicklès.
Pierre Poulot,
 (*mention assez bien*)
Henri Prost.
Albert Psaïla.
 (*mention assez bien*).
Maurice Remandet.
Robert Rémond.

Louis Reymondet.
André Richard.
Jean Rossignot.
Paul Soltner.
Louis Tissier.
Christian Vantey.
Antoine Zerr.

Joseph Raton,
 admissible.

BACCALAURÉAT MODERNE

2e PARTIE — MATHÉMATIQUES

4 présentés — 4 reçus

Louis Grosperrin.
Camille Loutz.
Jules Peseux.
Louis Verrier.

1re PARTIE

5 présentés — 3 admissibles — 1 reçu

Auguste Pussot, *reçu.*
François Pélet, *admissible.*
Louis Poussière,   id.

NOS DÉFUNTS

NÉCROLOGE DE L'ANNÉE 1899

7 Mars. Charles-Eugène CHAUVIN, 65 ans.

11 Avril. Léon-Marie-Alexis de FRASNOIS, 69 ans.

27 Avril. Georges CHAPUIS, 14 ans.

15 Mai. Henri LAGÈZE, 18 ans.

22 Mai. Jean-Baptiste EHRHARD, 55 ans.

26 Mai. Emile MÉNARD, 55 ans.

Requiescant in pace!

Charles-Eugène CHAUVIN

Contre-amiral en retraite, commandeur de la Légion d'honneur, né à Toulouse en 1836, décédé à Besançon le 7 mars, dans sa 63ᵉ année.

Cet ancien élève, qui a fait honneur à l'Institution Sainte-Marie, avait bien voulu accepter l'invitation du Comité et présider le banquet de l'Association, le 29 juillet 1895, étant de passage à Besançon ; et, dans cette occasion, il avait donné des marques sincères d'affection pour son ancienne pension. C'est de Metz où, en 1848, il avait fait sa première communion, que les déplacements fréquents de sa famille le firent venir à Besançon. Il entra à l'Institution en 1849 et y demeura trois années. Il gagna Paris et s'y prépara à l'Ecole navale ; admis en 1854, il débuta deux ans après dans la carrière où il a fait son chemin avec distinction. Il prit part à la guerre de Chine et à l'expédition du Mexique ; avec ses marins, il défendit Paris en 1870-71. La confiance de ses chefs l'appela au poste envié de chef de cabinet, sous M. le ministre Lockroy, en 1896. Enfin il prit sa retraite, à Besançon ; mais il ne put en jouir que dix-huit mois, et il fut ra i par la mort à l'affection des siens le 7 mars dernier.

Léon-Marie-Alexis
HUOT de CHARMOILLE de FRASNOIS

Né le 2 Novembre 1831 à Vregille (Haute-Saône); entré à l'Institution, dès sa fondation, en 1838, décédé à Besançon le 11 Avril 1899.

La *Franche-Comté* rendait ainsi hommage à la mémoire de notre ancien élève défunt au lendemain de sa mort :

« Le jeudi, 13 avril, avaient lieu à Notre-Dame, les
« obsèques de Léon Huot de Charmoille de Frasnois,
« décédé à Besançon dans sa 69ᵉ année.

« C'était dans sa jeunesse un brillant officier, capi-
« taine à 23 ans et dans son âge mûr et sa vieillesse un

« chrétien accompli, sévère surtout pour lui-même ; il
« laisse à sa famille et à ses amis le souvenir et l'exemple
« d'une vie sans faiblesse.

« Entré à Saint-Cyr le 1er novembre 1850, il en sortit,
« deux ans après, sous-lieutenant au 27e de ligne. Em-
« barqué avec son régiment pour la Crimée en 1854, il
« débuta par cette lugubre expédition de la *Dobroutcha*,
« où le tiers de son régiment périt par le choléra.

« Le 27e de ligne faisait partie de cette héroïque pre-
« mière division commandée par Canrobert, qui se cou-
« vrit de gloire à l'Alma, à Inkermann et au siège de Sé-
« bastopol. Ils étaient alors tous au feu, les jeunes
« hommes de cette famille de Frasnois, et payèrent lar-
« gement leur dette à la patrie.

« Léon fut blessé à l'assaut de Malakoff, son frère Au-
« guste mourut épuisé dans les tranchées de Sébasto-
« pol ; de ses cousins de Ferrières, l'un fut tué au Ma-
« melon-Vert, l'autre bombardait, sur le *Véloce*, les
« remparts de la ville assiégée et défendait Eupatoria
« contre Krouloff.

« Léon de Frasnois, en 1870, commandait, comme ma-
« jor, le dépôt de son régiment, il lutta avec énergie dans
« Toul, jusqu'au jour d'une capitulation inévitable. A
« dater de cette triste époque, le jeune commandant, le
« cœur meurtri par nos désastres, donna sa démission
« pour se consacrer à l'éducation de ses enfants qui
« n'avaient plus de mère ; le gouvernement de 1871 lui
« offrit le commandement d'un bataillon de chasseurs,
« qu'il refusa, et le maréchal Canrobert, qui estimait
« particulièrement ce jeune officier supérieur, ne put
« ébranler sa détermination.

« Rendu à la vie civile, Frasnois ne s'occupa plus que
« de bonnes œuvres et pratiqua complètement les pres-
« criptions de l'Eglise.

« Dieu l'a rappelé à lui après de cruelles et longues
« souffrances supportées avec une résignation admi-
« rable et lui a donné, au ciel, la récompense de sa vail-
« lance et de ses vertus. »

Georges CHAPUIS
Né à Rioz (Haute-Saône) en 1885.

Cet enfant, si tôt emporté par la mort, eut une vie toute de douleur. Nature douce, esprit curieux et judicieux, mais éprouvé par diverses maladies, il entra tardivement à l'Institution (octobre 1896), puisqu'il n'était qu'en sixième au moment de sa mort. Il aimait sa mère avec une tendresse passionnée, n'ayant plus qu'elle à aimer sur la terre, depuis la mort de son père. C'est de ses mains seules qu'il voulut être soigné dans sa dernière maladie.

Il parut pour la dernière fois à l'Institution le 23 février 1899, jour où il put encore recevoir le sacrement de confirmation. Déjà sa santé était fortement ébranlée ; il quitta la ville pour se retirer à la campagne, en vue d'y trouver un air meilleur. Inutiles efforts ! revenu à Besançon après Pâques, il fut vaincu par le mal et mourut pieusement entre les bras de sa mère le 27 avril. Ses condisciples voulurent se cotiser pour lui offrir une couronne et le conduisirent jusqu'à sa dernière demeure.

Henri LAGÈZE
Né à Paris le 21 Avril 1881, mort à l'Institution Sainte-Marie le 15 Mai 1899.

C'est pour terminer ses études, à partir de la troisième, que ses parents l'envoyèrent à Sainte-Marie en octobre 1896 ; il avait débuté, brillamment d'abord, puis avec moins de succès, au collège Stanislas.

Esprit vif et ouvert, cœur bon, tendre et généreux, nature passionnée, il avait des ressources précieuses ; et il aurait exercé plus tard sur son entourage une profonde influence, comme il le faisait parmi ses condisciples. Il aimait les pauvres et montrait de l'activité à les visiter et à les servir comme membre de la Conférence de Saint-Vincent-de-Paul.

Il se destinait à l'industrie, et déjà il s'annonçait plein

d'initiative dans cette voie féconde. Mais la Providence ne lui permit pas de faire ses preuves : une pneumonie le terrassa en huit jours. Il fut calme et se retrouva pieux en face de la mort. Ses camarades et ses maîtres l'ont pleuré ; sa famille qui emmena à Paris les restes du cher adolescent a ressenti douloureusement le coup que lui portait cette catastrophe.

Le R. P. François-Joseph Jean-Baptiste EHRHARD

Assistant du Supérieur général de la Société des Frères de Marie, pieusement décédé à Ris-Orangis (Seine-et-Oise), le 22 Mai 1899.

Né à Turckheim (Haute-Alsace), le 10 mai 1846, il avait suivi les classes de l'Institution depuis le 6 mai 1860 jusqu'au mois d'août 1865. Il s'agrégea à la Congrégation des Frères de Marie et se dévoua dès lors à l'instruction de la jeunesse ; l'année tourmentée de la guerre le ramena à Besançon pour y faire à quelques élèves la classe de seconde latine (octobre 1870-avril 1871). Il fut ensuite appelé à Paris, où il occupa les postes d'aumônier et de directeur particulier du Collège Stanislas. En 1881, la confiance de ses supérieurs le mit à la tête de l'importante province de Paris, dont il garda le gouvernement jusqu'en 1891 ; le Chapitre général le donna alors pour deuxième Assistant au Bon Père Simler.

Prêtre instruit, habile dans la direction des âmes, mais très modeste, surtout bon et dévoué jusqu'à l'entier oubli de lui-même, il mena une vie toute de patience et de sacrifices ; dès sa jeunesse il avait été atteint d'une maladie de cœur ; et, malgré des crises fréquentes autant que douloureuses, il demeurait serein, appliqué à sa tâche. Il rendit les armes, quand il eut épuisé ses forces ; il s'éteignit à Ris, le 22 mai, en présence du Bon Père Simler, du R. P. Hiss et de M. l'abbé Prudham.

Son nom ne figurait pas sur notre annuaire jusqu'en 1898 ; quand il vit son nom omis dans les listes, il en fut tout surpris et demanda qu'on voulût bien l'inscrire dans l'Association. Mais, hélas ! il ne pourra être marqué que sur nos listes nécrologiques.

Marie-Gabriel-Emile MÉNARD

Né à Besançon en 1846. décédé le 26 Mai 1899; élève à l'Institution de 1855 à 1859.

« M. Ménard, ancien huissier, comptait parmi les personnalités du Palais une place distinguée. Obligé, pour raison de santé, de céder sa charge, il avait pris un cabinet d'affaires qu'il dirigeait depuis plusieurs années avec un talent et un dévouement parfaits.

» Caractère droit, causeur agréable, sa conversation pleine de saillies spirituelles et son aimable courtoisie lui avaient concilié tous ses concitoyens, même ceux dont les opinions étaient opposées aux siennes.

« Catholique aussi profondément convaincu que sincèrement pratiquant, il est mort muni de tous les sacrements de la Sainte Eglise dans sa 54ᵉ année, avec des sentiments admirables de foi, de résignation qui, de tradition dans sa famille, furent ceux de toute sa vie. Aussi les paroissiens de Saint-Maurice remplissaient-ils l'église trop restreinte pour la foule qui était venue s'unir au deuil de sa vertueuse épouse, de sa sœur bien-aimée et de ses parents. » (*Franche-Comté* du 1ᵉʳ juin 1899.).

Le Comité de l'Association, auquel il appartenait, s'est fait représenter aux obsèques et a offert une couronne, au nom de la Société.

Souvenirs d'autrefois

LA FONDATION
ET LES PREMIERS ÉLÈVES
DE L'INSTITUTION SAINTE-MARIE

I

La fondation sur la place Dauphine

Il y a 61 ans que les premiers Frères de Marie arri-
vèrent à Besançon pour fonder une école ; (1) M. le Curé
de Saint-Maurice, l'abbé Denizot, était l'instigateur de
cette entreprise, et il en fut jusqu'au bout, sans aucune
défaillance, le principal soutien.

Ce prêtre zélé a raconté plus tard cette fondation dans
un mémoire manuscrit, dont l'original est à la Bibliothèque
du Chapitre et que nous utilisons largement pour notre
travail. D'abord il rappelle brièvement la façon dont se
donnait à Besançon l'éducation chrétienne aux enfants de

---

(1) Le 26 Octobre 1888, on célébra solennellement à l'Institution le cin-
quantième anniversaire de cette fondation, le récit de la fête fut imprimé
dans une brochure que l'Association amicale des anciens élèves offrit à
ses sociétaires et aux amis de l'Institution. M. l'abbé Reinbolt rendit,
dans une harangue à Monseigneur Ducellier, un touchant hommage à
M. Denizot « qui a été toute sa vie notre conseiller, notre ami, notre
protecteur. »

la classe aisée ; il n'y avait pour remplir cet important
ministère, « que des écoles tenues par des maîtres parti-
« culiers, dont les uns faisaient à peine leurs Pâques et
« les autres, bons chrétiens, avaient très peu d'élèves,
« Mal instruits de la religion, plus mal formés à la piété,
« les enfants, après leur première communion, ne repa-
« raissaient plus à l'église et donnaient dans de précoces
« excès... C'était à désespérer de l'éducation chrétienne
« dans l'avenir.

« Le Curé de Saint-Maurice osa cependant espérer
« encore. Il forma le projet d'appeler pour sa paroisse
« des Frères de Marie, dont la réputation comme insti-
« tuteurs était fort répandue. Ils devaient donner l'ins-
« truction primaire et à la longue des leçons de latin (1).
« Leur enseignement ne devait point être gratuit, et pour
« cette raison les enfants de la classe aisée que le curé
« avait particulièrement en vue, en auraient seuls profité.
« Ce projet ne manquait pas d'une certaine témérité : car
« comment faire accepter des religieux instituteurs d'une
« classe de la société qui n'en a jamais voulu ? Comment
« les conserver dans une ville où les anciens religieux
« étaient menacés de leur expulsion ? (2)

« Le Curé le comprenait, et à cause de cela il voulait
« commencer l'œuvre sans éclat, et dans des proportions
« si restreintes que si elle échouait, il n'en résulterait pas
« un grand dommage ; mais ce qu'il comprenait encore

(1) De cette phrase, il résulte que, en appelant sur sa paroisse les Frères
de Marie, M. Denizot avait bien l'intention de fonder un établissement
d'enseignement *secondaire*, et non une maison d'instruction primaire pour
les classes bourgeoises (Ct. Besson, *Vie du Cardinal Mathieu*, t. II, p. 352).
De fait, il y eut à partir de 1841 un cours de latinité à l'Institution de
M. Fillon ; c'est ce qui ressort de l'état du personnel enseignant, tel que
nous le montrent les registres d'alors.

(2) Après la Révolution de Juillet 1830, le Conseil de a ville avait tenté
d'éloigner les Frères des Ecoles Chrétiennes qui étaient chargés des classes
gratuites pour les enfants pauvres. Il fallut que les frais d'entretien de ces
écoles fussent couverts par des souscriptions généreuses ; à ce prix on
put maintenir ces écoles populaires chrétiennes. (Voir la brochure de
M. le Chanoine Suchet. *Les Frères des Ecoles Chrétiennes à Besançon*
p. 19 et 28).

« mieux, c'est qu'il fallait absolument faire quelque
« chose.

« Après en avoir obtenu l'agrément de l'Archevêque,
« il écrivit au Supérieur général de l'Institut de Marie (1)
« en lui demandant deux religieux auxquels il s'engageait
« à fournir le mobilier, le logement et même la pension,
« pendant un certain temps. Le Supérieur, sans s'effrayer
« de la difficulté des circonstances, ne tarda pas à envoyer
« à Besançon MM. Chevassu et Viard, deux jeunes Frères
« d'un extérieur avenant, de bonnes manières, pieux et
« instruits, tels que l'œuvre les demandait. Le curé les
« logea dans l'hôtel de Madame Duchon, à l'entresol, sur
« la place Dauphine (2). Ils ouvrirent leur classe à la
« Toussaint, en 1838. Leurs premiers élèves étaient des
« enfants de familles très chrétiennes que le Curé avait
« disposées à faire l'essai de la nouvelle école. Ces enfants
« s'attachèrent à leurs maîtres et firent en toute manière
« de tels progrès que leurs parents faisaient à tout venant
« l'éloge des nouveaux maîtres. D'autres enfants arri-
« vèrent successivement et en tel nombre que les deux
« salles de classe furent remplies longtemps avant la fin
« de l'année scolaire.

« L'année suivante, la rentrée fut satisfaisante, et rien
« encore n'annonçait un orage ; mais, après quelques
« mois, la confiance des parents se ralentit, et l'abandon
« de l'école commença. Cela s'accentua à Pâques davan-
« tage, et, au mois d'août, le directeur de l'école, décou-
« ragé, pria le Curé de reprendre les clefs du logement.
« Le Curé s'y refusa, il reprit le religieux de son peu de
« confiance, et l'engagea à tenir bon. Les prétextes de
« cette désertion étaient l'exiguïté des salles de classe et le
« trop petit nombre des professeurs. Mais la vraie cause

(1) Le Bon Père Guillaume Joseph Chaminade, qui résidait alors à
Bordeaux et qui était le fondateur des Frères de Marie et des Filles de
Marie-Immaculée.

(2) Aujourd'hui appelée place de l'Etat-Major. M. Troffer, alors directeur du Pensionnat Sainte-Marie à Salins (Jura), vint installer les deux
religieux et demeura avec eux quelques semaines.

« était la conspiration simultanée »...des différents rivaux
qui jalousaient l'école et « aussi des mondains, des impies
« qui ne voulaient pas plus de ces religieux que des autres
« pour donner l'éducation. Tous, chacun à sa manière,
« exercèrent une pression à laquelle les parents ne surent
« pas résister. Le Curé ne fut point surpris de cette
« épreuve, il s'y était attendu ; mais il en fut affligé... Sa
« confiance était en Dieu qui éprouve le bien, et il ne se
« découragea pas. Il écrivit au Supérieur de l'Institut de
« Marie au sujet de cet échec et de ses causes. Il lui de-
« manda d'acheter promptement une maison et de mettre
« un ecclésiastique à la tête de l'établissement...

« Le Père Chaminade approuva ce plan et ses motifs ;
« il comprit aussi qu'il était de l'intérêt et de l'honneur
« de son Institut de relever un établissement formé dans
« la capitale d'une province qui lui donnait beaucoup de
« sujets. Après quelques semaines, M. Clouzet, directeur
« de Saint-Remy (1), arriva à Besançon, chargé d'acqué-
« rir une maison. Il s'en présentait deux également
« convenables ; l'une sur la paroisse de Saint-Maurice,
« et l'autre sur celle de Saint-Jean. M. Clouzet opinait
« pour la première, pensant que l'école serait mieux pro-
« tégée par le Curé qui l'avait établie ; mais le Curé tint
« pour la seconde maison, parce que l'école aurait deux
« curés pour protecteurs au lieu d'un seul. La maison
« Monnot (2) fut donc achetée... Cet édifice, placé dans un
« endroit tranquille où l'air est très pur et où l'on peut
« s'étendre convient parfaitement pour sa destination. »

II

L'installation sur la place Saint-Jean.

« Le nouveau Supérieur arriva en 1840, pour la rentrée
« des classes. C'était M. l'abbé Fidon ; sa simplicité,

(1) M. Clouzet était en même temps le troisième Assistant du Supérieur
général.

(2) Place Saint-Jean nᵒ 4. Au XVIIIᵉ siècle, cet hôtel a appartenu à
M. le Conseiller Daguet.

« son âme expansive le rendaient accessible et cher à
« l'enfance ; sa franchise, sa prudence et son savoir-vivre
« lui valurent la confiance des parents ; ses talents et son
« expérience le rendaient très capable de rendre l'école
« florissante et son amour de la discipline, très propre à
« la soutenir. Il était secondé par des sujets choisis qui
« partageaient son dévouement (1).

« La rentrée fut plus satisfaisante qu'on ne l'avait es-
« péré ; au bout de quelques mois, l'école fut plus nom-
« breuse que jamais. On s'en tint à l'instruction primaire,
« jusqu'à ce qu'on eût des élèves capables d'apprendre le
« latin. Chaque année on avança d'une classe, et si, au
« sortir de la plus avancée, les parents voulaient laisser
« leurs enfants dans l'établissement, on les y conser-
« vait, et un maître les « accompagnait chaque jour au
« lycée (2). Ces élèves y occupaient généralement un
« rang distingué.

« La réputation de l'école s'établit solidement, et au
« loin la charité de l'abbé Fidon sut la rendre populaire.
« Outre les aumônes que faisait l'Etablissement, la
« *Société de Saint-Vincent de Paul* (3) s'y réunissait ; la
« classe des *jeunes Savoyards* (4) y occupait une salle,
« et pendant deux ans les maîtres donnèrent des leçons
« aux ouvriers. L'Institution Sainte-Marie se dévelop-
« pait donc en paix et sans encombre dans l'immeuble
« de la place Saint-Jean. »

Avant d'entrer en jouissance de cet hôtel, M. l'abbé

(1) M. Antoine Fidon était né à Charmoille (Haute-Saône). Il demeura
vingt ans à la tête de l'Institution Sainte-Marie (1840-1860). Il fut nommé
Provincial de Franche-Comté, et mourut à ce poste le dimanche 3 Mai 1874.

(2) Ce régime commença en 1845 et continua jusqu'en 1865. Après la
fondation de l'Ecole St-François-Xavier, on y conduisit également les fils
des parents qui le désiraient.

(3) Les élèves les plus âgés assistaient à ces séances, comme *aspi-
rants*.

(4) Cette œuvre fut prise par les prêtres de l'école Saint-François-
Xavier, lorsque ce collège eut été fondé ; et l'Institution Sainte-Marie dut
leur en faire l'abandon, après avoir pris l'initiative de ce patronage si
intéressant.

Fidon dut attendre que tous les locataires voulussent bien lui céder leur place (1). Insensiblement il occupa donc le nouveau local et il y établit les divers services de l'établissement.

Il serait difficile de détailler toutes les modifications que l'on eut à faire dans ce quadrilatère de bâtiments; un tel local ne pouvait servir qu'à des appartements privés et se prêtait difficilement à l'aménagement d'une pension. D'année en année on élevait et l'on déplaçait des cloisons pour établir les études ou les classes, suivant les besoins que l'on ressentait et le mouvement que subissait la population scolaire.

Nous pensons être agréable à nos lecteurs en décrivant cette maison qui abrita les élèves de l'Institution depuis 1840 jusqu'en 1864.

On entrait au n° 4 de la place Saint-Jean par le portail qui existe encore aujourd'hui; sous le porche, à droite, se présentait l'escalier de pierre qui montait au premier étage; là se tenait le concierge, bien connu des anciens, le F. Guyot (2). En face, à gauche du vestibule, le parloir des élèves; à la suite, du même côté, le cabinet où recevait le P. Fidon; l'Economat, vis à vis.

Autour de la cour où les externes prenaient leur récréation, le rez-de-chaussée était ainsi distribué : à droite, dans le parloir et le salon actuels, les deux classes des petits; le long de la cour, s'étendait le réfectoire des élèves, suivi d'une classe. Contre le mur élevé qui soutient la terrasse de la maison Haldy, les externes avaient leur principale étude; leur préau couvert s'ados-

(1) M. le général Verdière se retira le premier, puis M. Wey qui avait installé dans l'ancien couvent des Cordeliers une fabrique de tapis.

(2) M. de Lagarde disait, en 1883, aux élèves qui le remerciaient de leur avoir prêché la retraite annuelle : « Trois hommes surtout ont contribué à faire naître en moi le désir d'entrer dans la Société de Marie : le P. Fidon, par son dévouement et sa foi austère; le Frère Guyot, concierge, religieux à la manière des moines du désert et dévoué serviteur de Marie; enfin le Frère City, linger, le serviteur de tous, l'homme de la règle et de la charité. »

sait à l'aile gauche et venait joindre l'escalier de pierre qui conduisait à la chapelle. Entre cet escalier et la maison, un corridor allait du quartier des externes à celui des pensionnaires. Au rez-de-chaussée, sur cette cour donnaient le salon de réception (1), une classe, puis la cuisine qui était en sous-sol, la décharge et la boutique ; enfin, au midi de la cour, l'étude des pensionnaires, à laquelle on montait par un petit perron et plusieurs marches. Le réfectoire des religieux était au-dessus de la cuisine, à l'entre-sol ; c'est celui où l'on fit fête au B. P. Simler le jour où il offrit à Dieu les prémices de son sacerdoce (20 décembre 1857). Le préau de récréation était appuyé au mur du jardin de la maison d'Orival ; et au-dessus on avait installé une salle de dessin.

Montons au premier étage (2); ce qui est aujourd'hui la salle de dessin ainsi que la cage du grand escalier, et le dessus du préau actuel des petits avaient été aménagés en dortoirs ; et plus tard on dut y ajouter le local mansardé qui se trouvait immédiatement sur ces pièces. Le long de la place Saint-Jean, deux classes séparées par la salle d'exercices des religieux ; par dessus le préau des externes, d'un côté deux classes joignant l'escalier de la chapelle ; enfin prenant jour sur la cour des pensionnaires, la chapelle qui tenait toute la longueur du bâtiment, une vingtaine de mètres. Les sacristies étaient sur la décharge et la boutique.

Le plan qui est annexé à cette description (3) donne une idée satisfaisante de la configuration des bâtiments et de la place qu'on avait assignée aux diverses parties, soit du local scolaire, soit des lieux réguliers de la communauté. L'original ne porte aucune date; mais nous pouvons lui assigner celle de l'année 1858, car on y trouve le tracé de la maison du conseiller Bourdot, laquelle fut acquise en juillet 1858, afin d'y installer le noviciat des abbés de la Société de Marie.

(1) Dans ce salon se réunissait la Conférence Saint-Vincent de la paroisse Saint-Jean.
(2) Il n'y avait que cet étage; les deux autres furent élevés en 1864.
(3) Voir à la fin de la brochure.

III

Les premiers élèves de l'Institution.

Une description de l'établissement, un historique succinct de sa fondation appelaient quelques détails sur la jeunesse qui vint le peupler.

Des recherches minutieuses, qui nous paraissent à peu près exactes, grâce au concours obligeant de nos chers anciens, nous ont permis de dresser pour les années 1838, 1839 et 1840 les listes suivantes ; ce travail de reconstitution est lent, malaisé parfois, et nous avons besoin de prendre du temps pour le continuer. Mais dans chaque annuaire, nous espérons fournir la suite de cette publication, à coup sûr, très intéressante.

ELÈVES DE L'INSTITUTION SAINTE-MARIE

Années 1838 et 1839

N.-B. — *Le signe † précède le nom des anciens élèves décédés (1).*

† **Castan** (Auguste), *né à Besançon en 1833, sorti en 1850.* — Bibliothécaire de la ville ; chevalier de la Légion d'honneur ; correspondant de l'Institut de France et de la Belgique ; Président honoraire de la société d'Emulation du Doubs ; membre de l'Académie de Besançon ; officier de l'Instruction publique ; a été le premier élève de l'Institution.

(1) Les rectifications et les renseignements complémentaires sur les anciens élèves dont les noms composent cette liste seront reçus avec empressement à l'Institution Sainte-Marie.

Bruchon (Just), *né à Besançon, sorti en 1848*. — Docteur en médecine (1854) ; professeur d'anatomie à l'école de médecine ; président de l'Association de pré-voyance et secours mutuels des médecins du Doubs ; médecin du Lycée et de l'Institution Sainte-Marie ; chevalier de la Légion d'honneur.

Leblanc (Auguste-Antoine) (l'abbé), *né à Besançon, sorti en 1840*. — Ancien aumônier du Refuge ; aumônier des Religieuses Bernardines ; l'un des premiers élèves.

De Lénoncourt (Henri) (Sublet d'Hendicourt marquis de), *né à Besançon en 1833, sorti en 1845*. — Conseiller général de la Haute-Saône ; Lauréat de la prime d'honneur au concours agricole de Gray (1869) ; capitaine d'Etat-Major à titre auxilliaire (1870), officier d'ordonance du général Roland ; chevalier de la Légion d'honneur (1871) ; proprié-taire à Boussières (Doubs).

† **De Lénoncourt**, (frère du précédent), *né à Besançon, sorti en 1845*. — Décédé à Pau.

De Vaulgrenant (Albert) (Péting de), *né à Besançon, sorti en 1845*. — Général de brigade commandant la 4e brigade de hussards (décembre 1883) ; géné-ral de division à Nancy (1889) ; gouverneur de Nice, commandant le 15e corps d'armée à Mar-seille (1893) ; membre du Comité technique de l'artillerie ; grand officier de la Légion d'honneur.

† **Barbaud** (Vincent), *né à Besançon*. — Caissier de la Caisse d'Epargne ; décédé en septembre 1891.

Belvaux (Ernest), *né à Besançon, sorti en 1845*. — Lieu-tenant aux grenadiers de la Garde.

Belvaux, *né à Besançon, sorti en 1845*. — Officier.

Brulard (Désiré), *né à Besançon, sorti en 1845*. — Elève du collège catholique en 1845 ; greffier du tribunal de Besançon, 1, rue Battant.

† **Fernier** (Paul), *né à Besançon*. — Fabricant d'horlogerie; frère de l'ancien maire de Besançon; décédé en 1891.

† **Hersen** (l'abbé), *né à Besançon, sorti en 1841.* — Curé de Sauvigney-les-Augirey (canton de Gray); décédé en 1897.

† **Jourdain** (Ernest), *né à Besançon, sorti en 1845.* — Négociant en étoffes.

† **Laresche**, *né à Besançon.*

† **Marnotte** (Pierrin), *né à Besançon, sorti en 1845.* — Architecte attaché aux bâtiments de la ville de Paris; décédé en 1889.

† **De Lorey** (Gustave), *né à Besançon, sorti en 1846.*

† **Painchaux** (François), *né à Besançon, sorti en 1844.* architecte; décédé en janvier 1871.

† **Schelbaum** (Georges), *né à Soultz* (Haute-Alsace). — Notaire à Soultz, puis à Philippeville; décédé à Philippeville le 3 mai 1887.

Zeltner (Francis), *né à Besançon, sorti en 1848.* — Représentant de commerce, 1, rue de Glères.

Castan (François-Xavier), *né à Besançon, sorti en 1847.* — Colonel au 1e régiment d'artillerie à Bourges (1887); membre de la commission des substances explosibles; général, officier de la Légion d'honneur.

Cambeur (Achille), *né à Besançon.* — Ancien peintre en bâtiments; propriétaire à Ornans.

† **Cambeur** (Léon) — Mort commandant d'infanterie.

† **Ratez** (Eugène), *né à Besançon.* — Boucher, rue Saint-Paul; décédé en 1896.

† **Noirpoudre de Sauvigney** (Edmond), *né à Besançon.* — Propriétaire à Bay.

† **Noirpoudre de Sauvigney** (Armand), *né à Besan-çon*. — Propriétaire à Bay.

Année 1840

† **Bastide** (Mgr), *né à Ornans* (Doubs), *sorti en 1841*. — Décédé à Rome ; inhumé à la chapelle de Notre-Dame du Chêne.

† **Bruand** (Théophile), *né à Besançon, sorti en 1849*. — Vérificateur des douanes à Audincourt ; Proprié-taire ; décédé en 1894.

Busson, *né à Besançon, sorti en 1842*. — Fils d'un colonel ; officier.

† **Chalandre** (Alfred), *né à Besançon*. — Industriel.

† **De Chassey** (Abel), *né à Lons-le-Saunier, sorti en 1845*. — Avocat ; décédé le 21 juillet 1883.

† **Dromard** (Amédée), *né à Besançon, sorti en 1842*. — Notaire ; maire de Dannemarie ; décédé le 11 avril 1891.

† **Fouray** (Albert), *né à Besançon*.

† **Hyenne** (Etienne), *né à Besançon, sorti en 1846*. — Agent de 1re classe des Ponts-et-Chaussées ; décédé en 1896.

Jeannerot (Louis), *né à Besançon, sorti en 1842*. — Garde d'artillerie, agent spécial de la direction de Besançon.

Jennat (Emile-Marie-Etienne), *né à Besançon en 1831, sorti en 1840*. — Confiseur à Besançon. — 22, rue de la Madeleine.

† **Loiseau**. — Officier ; magistrat.

Musset.

† **Revillout**, *né à Luxeuil, sorti en 1842*. — Docteur en médecine (1859) ; rédacteur en chef de la Gazette des Hôpitaux ; officier de la Légion d'honneur. Paris, 128, rue du Bac.

† **Pochet**, *né à Besançon, sorti en 1845.* — Officier aux cent-gardes.

Rodet.

Richard, *né à Besançon.* — Officier aux cent-gardes. Devecey ; commandant de gendarmerie.

† **Véjux** (Charles), *né à Bonnay* (Doubs), *sorti en 1845.* — Cultivateur ; propriétaire, Bonnay.

Vieille (Paul), *né à Besançon, sorti en 1848.* — A été en Amérique ; actuellement précepteur dans une famille à Pau (1899).

LES TRANSFORMATIONS SUCCESSIVES

DE LA CHAPELLE

à l'Institution Sainte-Marie

I

1840-1864

M. Fidon, fidèle aux principes du Bon Père G. Chaminade (1) et de sa famille religieuse, voulait qu'avant tout, en entreprenant une œuvre d'éducation, on posât à la base de l'édifice les larges et fortes assises d'un christianisme ferme et éclairé. Aussi parmi les vertus traditionnelles sur lesquelles le zélé directeur concentrait son attention, il mettait en première place la religion et la piété. Il n'y voyait pas seulement un puissant moyen de gouverner et de discipliner la jeunesse ; c'était à ses yeux le but même auquel devaient tendre les efforts combinés des différents maîtres, et il n'admettait dans son Institution que les enfants des familles qui cherchaient cette éducation solidement chrétienne et qui étaient, sous ce rapport, en conformité de pensée avec lui. Il entendait même que la religion fît sentir en tout son influence secrète et active, qu'elle fût toujours présente pour armer

(1) Ce prêtre a fondé en 1817 à Bordeaux la Société des Frères de Marie.

et fortifier le cœur de ses enfants contre les plus séduisantes passions; qu'ainsi arrêtant le mal dès son principe, elle disposât à la vertu.

Aussi la religion était comme l'atmosphère qu'on respirait dans la maison; elle circulait comme un courant ininterrompu à travers les classes, les études et les récréations, et elle pénétrait de tous côtés les élèves. Elle était de tous les jours et de toutes les fêtes, tantôt gracieuse, tantôt sévère, aimée toujours, parce qu'elle répandait dans l'esprit la lumière, et la joie dans le cœur. Une lettre écrite vers 1849 nous prouve la réalité de cette influence bénie :

« Tous les jours je m'applaudis davantage qu'on ait choisi cette pension pour m'y faire achever mes études. Il me semble qu'aujourd'hui une réaction heureuse s'opère en moi, et quelque bon qu'ait été le collège de Paray, je prie mieux dans ma petite chapelle qu'à Paray. C'est que d'abord on a de si bons exemples dans tous ces excellents Frères ! leurs prières paraissent monter si droit au ciel qu'on croit n'avoir besoin que d'unir ses prières aux leurs pour être sûr qu'elles entreront au ciel avec elles. Et puis cette maison est placée si immédiatement sous le vocable de la Très sainte Vierge qu'il semble qu'on ait droit d'obtenir de cette bonne Mère tout ce qu'on lui demande. »

C'était un des plus brillants élèves de M. Fidon, Louis de Lagarde, qui écrivait ainsi. Agé de seize ans, il fréquentait au Lycée comme externe le cours préparatoire à l'Ecole polytechnique (1); et il était pensionnaire chez les Frères de Marie. Il avait pendant quelques années suivi les classes du petit collège de Paray-le-Monial (Saône-et-Loire) tout près de sa famille.

(1) Dieu a disposé autrement de ce jeune homme. Car la grâce, avant tout, mais aussi les exemples du Directeur et de plusieurs saints religieux de l'établissement l'amenèrent à entrer dans la Société des Frères de Marie. Il y vécut, comme un digne enfant de l'Institution, en homme de devoir, de labeur, de dévouement et surtout de foi. Pendant treize ans il administra avec une rare distinction le Collège Stanislas et il mourut en 1884. Sa vie a été écrite par le B. P. Simler. (Paris, Lecoffre).

Faut-il ajouter que, dans la maison de M. Fidon, la piété n'avait rien d'austère, ni d'étroit ? Elle était vraie, franche, sincère, cordiale, aimable et raisonnée. Les exercices n'étaient pas multipliés à l'excès, mais ils se faisaient avec dignité, inspiraient aux enfants de l'intérêt, leur élevaient l'âme vers les sommets du beau et du bien.

Les dimanches et fêtes, tout était prévu à la chapelle et les cérémonies étaient réglées avec le plus grand soin. La messe et les vêpres étaient toujours chantées comme dans les paroisses, mais selon le rite romain. Les jours où l'on célébrait les fêtes générales de l'Eglise et surtout les fêtes qui sont spéciales à l'Institution, comme l'Immaculée Conception, saint Joseph, saint Louis de Gonzague, étaient pour les élèves des jours heureux et désirés, jours rayonnant d'innocence et de gaieté !

« Nous avons eu une brillante fête de l'Immaculée
« Conception, écrivait encore Louis de Lagarde ; la cha-
« pelle était vraiment charmante. J'ai communié ce jour-
« là, et je me suis uni de prières à ceux qui, je le pensais
« bien, n'oublieraient pas en ce jour le collégien bison-
« tin. » (1)

Une bonne et fervente communion, la grand'messe avec ses rites majestueux et les brillants ornements des ministres sacrés, les mouvements harmonieux des enfants de chœur, le sanctuaire orné et illuminé, les chants mélodieux, le jeu plus brillant de l'orgue, une prédication plus intéressante, les vêpres et le salut célé- brés avec un élan tout juvénile, les cantiques propres à la maison emportés avec un entrain plus vif, parce que toutes les voix s'unissaient dans un commun accord ; puis des récréations plus animées, les délicates surprises, même au réfectoire, voilà ce qui rendait ces fêtes déli- cieuses, ravissantes, et laissait dans le cœur un souvenir précieux et toujours cher.

Lisons encore cette description tirée de la correspon- dance du jeune de Lagarde :

____

(1) Lettre à ses parents, décembre 1849.

« Je voudrais pouvoir vous décrire notre belle cérémonie de la messe de minuit ; mais il faudrait avoir pour cela les connaissances de notre sacristine (1), et le talent qu'elle déploie, lorsqu'elle rend si bien compte d'un baptême de cloche ; je dirai seulement en gros que l'autel était magnifiquement décoré ; au-dessus de l'autel étaient des transparents avec des légendes diverses qui faisaient un charmant effet. Au milieu il y avait des fleurs ; au-dessus de l'autel, autour de la Vierge, étaient disposées une foule de petites lampes en verre de différentes couleurs, qui produisaient un coup d'œil ravissant. Il y avait une crèche fort bien décorée et au-dessous étaient rangés un grand nombre de cierges formant un dessin magnifique ; on les a allumés pour les vêpres. La voix des enfants imitant les chants des bergers, le recueillement profond dans lequel on était plongé, tout disposait à la prière et y forçait en quelque sorte. Durant cette belle cérémonie, je n'ai pas oublié mes parents, dont les cœurs se rencontraient sans doute avec le mien aux pieds de Celui qui devait exaucer tous les vœux que je formais pour eux (2) ».

Ainsi, dans un pensionnat chrétien, Dieu se révèle à l'âme des élèves surtout par le moyen des cérémonies qui s'accomplissent à la chapelle sous le regard si impressionnable de la jeune assistance. C'est pour ce motif que le pieux abbé Fidon voulut apporter tant de soins à la décoration de cette pièce ; à ses yeux, elle devait être nécessairement la plus belle, la mieux ornée, parce qu'elle est l'appartement du Père de famille et du Maître de la maison. Il ne se départit jamais de cette conviction ; alors que les charges de l'établissement se trouvaient être onéreuses, il ne craignait pas de s'imposer de fortes dépenses pour l'ornementation de sa chère chapelle. Sans parler des grandes réparations qui renouvelaient, soit l'intérieur, soit l'extérieur, il y avait les améliorations

(1) Allusion à sa sœur qui se plaisait à orner l'église de Cortevaix (Saône-et-Loire) où la famille de M. de Lagarde résidait durant la belle saison.
(2) Lettre à sa famille, décembre 1849.

partielles et successives: c'étaient de nouveaux ornements sacerdotaux, des vases sacrés, des reliquaires,
des tableaux, des tapis, des lustres, des candélabres;
et, dirigé par son profond esprit de foi, M. Fidon ne se
contentait pas d'acheter de ces objets qui ont plus d'éclat
extérieur que de valeur réelle. Ce que la sacristie a encore
de plus riche, le calice en vermeil, relevé de pierres
précieuses et les burettes assorties, les chasubles faites de
moire d'or ou d'argent et finement brodées en relief ainsi
que les dalmatiques et la chape, datent de cette époque
primitive; et le bon goût, le cachet propre de ces objets
prouve que le directeur ne s'en rapportait pas à de vul-
gaires marchands; il s'adressait aux bons faiseurs. Dans
toutes ces pièces du mobilier local, une idée frappe
l'observateur: c'est le souci qu'avait M. Fidon d'y faire
figurer en belle place l'image et les emblèmes de Marie
Immaculée, ne séparant jamais de son Fils la Mère qui,
selon l'Evangile et la Tradition, lui fut étroitement unie,
dans tous les mystères de sa vie, de sa passion et de sa
mort. C'est la devise de la Société de Marie : *Cum Matre
et per Matrem ad Filium*; on arrive à Jésus par et avec
Marie, au Fils par et avec la Mère.

Dans la maison où M. Fidon reçut, en 1840, les enfants
de la place Dauphine, fidèle aux mêmes principes, il
prit pour la demeure du Bon Dieu les appartements les
plus grands et les plus apparents; c'étaient de vastes
salons aux larges fenêtres, situés au premier étage de
l'aile qui séparait la cour des externes de celle des pensionnaires. Les cloisons qui partageaient cette pièce
furent renversées et les chambres qu'elles séparaient
n'en firent plus qu'une seule, dont les dimensions étaient
d'environ dix-neuf mètres de longueur sur cinq mètres
quatre-vingts centimètres de largeur et trois mètres et
demi de hauteur. On y montait de la cour des externes
par un escalier d'honneur dont les proportions étaient
imposantes, et on y entrait par une porte vitrée qui
ouvrait sur le mur de droite, opposé à la rangée des
fenêtres. Au fond, contre la maison d'Orival, s'élevait

une tribune pour recevoir les chantres et le petit orgue ; les registres de l'instrument étaient bien un peu criards, mais, fondue dans un chœur de voix, cette sonorité n'avait rien de déplaisant. En dessous de la tribune s'étendait une salle assez basse de plafond, que séparaient de la chapelle des panneaux vitrés ; de là on pouvait assister aux offices et c'est là que se réunissaient les religieux pour leurs prières de règle ; durant les grands froids de l'hiver, ils n'y souffraient pas trop, parce qu'on y avait mis un fourneau pour attiédir l'atmosphère. Dans cette salle était encore le confessionnal du prêtre qui remplissait les fonctions d'aumônier, du bon M. Georges Lœtsch qui eut ce titre assez longtemps. M. de Lagarde parle souvent et avec affection de ce saint religieux dans les lettres qu'il adressait à sa famille. Le confessionnal de M. Fidon était dans la première sacristie.

Le long des murs, de chaque côté d'une allée assez étroite, s'alignaient les bancs destinés aux élèves ; trente-cinq environ à cinq places pour les plus petits, à quatre pour les plus grands. Ces cent soixante places ne suffirent pas longtemps ; il fallut apprendre à se serrer. Plus tard on ajouta même pour les enfants de sixième et de septième française, une salle qui donnait sur l'autel, du côté de l'Epître. M. Fidon avait son prie-Dieu derrière les bancs.

Le parquet en chêne était toujours luisant de propreté, chaque jour les allées étaient brossées et cirées avec soin. Les hautes fenêtres qui prenaient jour sur la cour des pensionnaires, étaient munies de longs stores peints sur toile, autour desquels des rideaux en laine grenat étaient drapés avec goût. De grands tableaux, œuvre de l'excellent P. Kœssler, faisaient face à chaque fenêtre et garnissaient les murailles ; ces peintures qui ne manquaient pas de mérite, représentaient des scènes de la vie de la Sainte Vierge. Entre ces tableaux apparaissaient sur des consoles sculptées des reliquaires dorés, alternant avec les stations du chemin de croix. Tout cet appareil portait à la piété ; de quelque côté que le regard s'arrêtât, il rencontrait un objet religieux, qui fixait l'imagination et tournait la pensée vers Dieu.

Au fond de la chapelle, dans une gloire aux rayons étincelants et aux nuages azurés se dressait la statue de Marie, toute scintillante de l'or qui couvrait son manteau. Les mains étendues et le regard abaissé vers les enfants de cette maison, comme elle leur disait éloquemment qu'elle était leur Mère et qu'ils devaient l'aimer en fils dévoués et fidèles !

L'autel du divin Sacrifice était immédiatement adossé à la muraille et dominé par la figure si expressive de la Madone. De petites dimensions, il était richement décoré ; et, quand la sacristie mettait au jour toutes ses richesses, il se parait de fleurs, de bougies, comme le représentait le jeune de Lagarde dans la lettre rapportée plus haut. C'est du marchepied de cet autel que parlaient les prédicateurs ; un local aussi restreint n'appelait pas une chaire élevée et encombrante. La prédication n'en était que plus familière et accessible à l'auditoire.

Le mois de Marie n'était qu'une longue fête de trente jours, qui se terminait par une consécration solennelle à cette bonne Mère. Alors la chapelle s'illuminait, s'embrasait de mille feux aux couleurs variées des lampions disposés en figures ingénieuses dont les lignes encadraient la statue et l'autel. Parfois même, le sacristain avait été si prodigue, si audacieux que les draperies ou les fleurs prenaient feu et causaient de vraies alertes, heureusement sans nulle suite fâcheuse.

Cette description d'un spectacle qui a ému tant de fois le cœur des jeunes élèves d'alors n'excède pas la réalité, qu'on le croie bien ; le témoignage unanime des anciens de Sainte-Marie, c'est qu'ils priaient beaucoup et bien dans leur pieuse chapelle (1).

M. de Lagarde, écrivant sa première lettre datée de Besançon, disait à sa mère : « Sous le rapport religieux,

(1) On peut voir à la fin de la brochure le plan de la chapelle.

il n'y a rien à désirer, pas même la chapelle qui est *très bien* (1) » Il ne se rassasiait pas d'y venir, et même M. Fidon crut voir que cela le détournait de ses classes et de sa préparation à l'Ecole polytechnique ; il dut lui en faire doucement la remarque. Sans aucun doute, comme plusieurs de ses camarades, c'est en épanchant son âme en Dieu dans ce sanctuaire si religieux qu'il dut entendre l'appel d'en haut, et qu'il puisa la force dont il eut besoin pour y répondre et renoncer à tout ce que lui promettaient sa brillante intelligence et l'élévation de son caractère. Nous avons encore ici son propre témoignage dans une lettre qu'il écrivit à sa sœur Marie en décembre 1883 : « Vous savez déjà que je suis venu à Besançon prêcher une retraite à mes jeunes camarades (2) moi, leur aîné de trente et quelques années. C'est ici que j'ai connu les premières touches profondes de la grâce ; c'est ici que j'ai commencé à comprendre le bonheur qu'il y a à aimer Dieu et à le servir ; c'est ici que j'ai senti pour la première fois avec quelle force et avec quelle douceur en même temps Dieu peut empoigner une âme dont il veut se rendre le maître. Aussi n'est-ce pas sans une profonde émotion que je suis rentré dans cette chère maison. »

Cependant, avec les années, la prospérité de l'Institution allait croissant ; et les locaux, acquis en 1840, étaient de plus en plus insuffisants. On avait bien élargi les cours de récréation, lorsqu'on avait acheté la maison du conseiller Bourdot, pour le noviciat ecclésiastique ; mais le logement des élèves était demeuré le même ; et, à moins d'arrêter l'essor de l'œuvre, il fallait à tout prix s'agrandir. D'ailleurs la fermeture du collège (3) que les Frères de Marie tenaient à Lons-le-Saunier leur avait amené à Besançon un assez grand nombre d'élèves pour les

(1) Lettre de novembre 1849.

(2) Déjà en 1868, M. de Lagarde, alors sous-directeur au Collège Stanislas, était venu donner aux élèves de Sainte-Marie les exercices de la retraite annuelle, et sa parole avoit produit beaucoup de fruits.

(3) En juillet 1863.

hautes classes, et l'on avait promis à leurs parents de les conduire au baccalauréat. Cette promesse n'était réalisable que si l'on prenait d'autres dispositions pour compléter cette maison que Dieu bénissait visiblement.

Un plan d'agrandissement fut donc étudié par le directeur, M. J. Simler, et l'on décida de surélever d'abord de deux étages l'aile de droite et la façade de la place Saint-Jean, puis de prolonger cette vaste construction jusqu'à l'extrémité de la cour des pensionnaires. Avec ces modifications, on espérait pouvoir loger à l'aise tous les élèves. L'exécution de ce plan fut mise en train dès le printemps de 1864. Le 21 juin, jour où l'Institution en liesse fêtait Saint-Louis de Gonzague, était inauguré le nouveau réfectoire, celui qui servit pendant douze ans aux pensionnaires de la maison; il était au rez-de-chaussée de la partie prolongée. En octobre on put ouvrir la classe de rhétorique; à la rentrée de 1865, on commença celle de philosophie.

Ces transformations amenèrent des modifications profondes dans le plan général : on rasa deux ailes de l'ancien quadrilatère, qui diminuaient la surface de la cour et qui arrêtaient la perspective, si belle du côté du mont Bregille. La chapelle fut elle-même démolie; des intérêts majeurs nécessitaient sa disparition, et, malgré les souvenirs du passé, on ne pouvait l'épargner.

II

1864-1876

Lorsque les constructions qu'avait projetées M. l'abbé Simler, se trouvèrent achevées, on avait épuisé toutes les ressources disponibles, et l'on ne pouvait dès lors se lancer dans de nouvelles dépenses pour élever la chapelle définitive, qui était prévue dans le plan général.

On s'arrêta donc au plus sage parti qui était d'attendre, et l'on improvisa un oratoire, dans une salle, au

second étage de la façade qui donne sur la place (1),
avec l'espoir de construire bientôt à Notre-Seigneur
un sanctuaire moins indigne de sa Majesté ; Son Eminence le Cardinal Mathieu avait délivré l'autorisation
d'utiliser cette salle à la condition expresse que l'on ne
s'y installerait *que provisoirement*. Mais les évènements
devaient retarder plus qu'on ne pensait l'accomplissement de ces espérances.

Un modeste autel en bois peint fut dressé à l'une des
extrémités de cette salle qui était longue et large, mais
peu élevée de plafond ; on l'entoura de cloisons et de
boiseries qui formèrent une sorte de sanctuaire et une
sacristie minuscule.

Une statue de Marie Immaculée dominait l'autel ; de
chaque côté se trouvaient deux autres statues, celle de
saint Joseph, notre patron secondaire, et celle de saint
Louis de Gonzague, patron de la jeunesse écolière.

Tout autour de la chapelle, dans les trumeaux étaient
appendues, pour toute décoration, quatorze images de
papier, encadrées de baguettes dorées ; elles rappelaient
les scènes principales de la Voie douloureuse. Les élèves
occupaient les trois rangées de bancs, que séparaient deux
étroits passages ; au fond l'harmonium d'accompagne-
ment. Telle est la chapelle bien humble que Notre-Seigneur habita pendant plus de douze ans. Il fit, lui notre
Père, en cette circonstance ce que parfois les pères et les
mères de la terre font pour recevoir leurs enfants quand
ceux-ci deviennent plus nombreux ; il se contenta de se
loger pauvrement et obscurément en laissant à ses fils
bien-aimés la meilleure place de la maison.

Dans ce local si étroit on réalisait, grâce aux combi-
naisons laborieuses du Père Roy, des prodiges de
dispositions pour donner entrée et place à tout le petit
monde qui devait y tenir ; et vraiment, aux journées
chaudes de l'été, il était pénible de passer une heure et
plus, ainsi tassés en cette salle basse et exigüe. Est-ce à
dire que les offices solennels chômèrent durant toute

(1) Aujourd'hui cette salle est le dortoir de la 4e division.

cette période? Pas du tout. On s'ingéniait encore, et l'on trouvait le moyen de mouvoir une phalange d'enfants de chœur et de ministres sacrés dans l'enceinte si petite du sanctuaire; et l'on n'en chantait que mieux dans cette salle où les voix n'avaient pas besoin d'un grand effort pour déployer toutes leurs ressources.

Les fêtes que ramène périodiquement l'année liturgique n'étaient pas les seules que l'on célébrait; il y en avait d'extraordinaires. Rappelons-en quelques unes.

En 1868, Son Eminence le Cardinal Donnet, archevêque de Bordeaux, vint offrir le saint sacrifice dans notre sanctuaire; il daignait s'intéresser à cette maison, parce qu'elle avait pour la diriger des religieux de l'Institut de Marie dont le fondateur est vénéré comme un saint à la Madeleine de Bordeaux. C'était pour les élèves chose inouïe que la visite d'un Cardinal; car le vénéré pontife de Besançon ne nous prodiguait pas les siennes. On fit de son mieux pour recevoir le prélat qui, de bonne grâce, s'accommoda de notre modeste accueil.

Après les joies, les souffrances et les deuils. Pendant la période de 1870-71, une ambulance fut organisée dans l'Etablissement, et la chapelle même fut occupée par les blessés (1). Chaque dimanche l'autel était utilisé pour dire la Messe devant ces pauvres victimes de la guerre; et, à l'occasion de la fête de Noël, on eut l'idée de leur faire prêcher une retraite: ce leur fut une vraie consolation, et même pour plusieurs une préparation à la mort; la majorité s'approcha des Sacrements à la messe de minuit qu'on eut soin de leur rendre aussi joyeuse que possible.

A la rentrée qui suivit la guerre franco-allemande, l'autorité diocésaine voulut bien se relâcher de sa rigidité ordinaire, elle laissa *pour cette fois* au directeur, M. l'abbé Reinbolt, la faculté de célébrer dans la chapelle de l'Institution la cérémonie de la première communion;

(1) L'externat qui resta ouvert pendant toute la campagne de l'Est fut contraint de monter à la chapelle du noviciat pour l'assistance aux offices depuis le mois d'Octobre 1870 jusqu'au mois d'Avril 1871.

les internes n'avaient pu rentrer à l'établissement qu'après Pâques, et donc il y avait eu impossibilité de se rendre à la Cathédrale pour le 4ᵉ dimanche de Carême, jour où la paroisse avait cette fête. Ce fut une grande joie, bien qu'on n'ait pu y faire participer tous les élèves, à cause des dimensions insuffisantes de la chapelle. Cette solennité eut lieu avec une réelle splendeur au mois de mai 1871.

Aussitôt que la paix avait été conclue entre l'Allemagne et la France, de tous côtés on s'était fait un devoir de rendre un suprême et juste hommage aux vaillants qui avaient donné leur vie pour la défense du pays. Guidés par le même sentiment, les maîtres et les élèves de l'Institution eurent à cœur d'unir aux prières de la patrie en deuil leur supplication pour les soldats qui étaient morts dans l'accomplissement de leur terrible tâche. Au cours du mois de juin 1871, une messe de *Requiem* fut solennellement célébrée par leurs soins dans la chapelle de la maison pour tous les défunts de la guerre, mais très spécialement pour ceux des belligérants qui avaient été élèves de Sainte-Marie. M. Reinbolt, dans un discours pathétique, sut faire ressortir le sacrifice de ces jeunes gens et il en tira de grandes leçons pour son auditoire. De ces anciens, tombés glorieusement dans les rangs de l'armée, nous ne pouvons citer que quelques-uns, ceux que notre mémoire nous rappelle : Augustin Audibert, Joseph Bleuney, Max de Buyer, Gaston de Coligny, Emile Lebreton, Alfred Quivogne. Si par les souvenirs de leurs camarades cette liste pouvait se compléter, ne conviendrait-il pas de fixer ces noms en les gravant sur le marbre ?

Encore un fait à noter : le 21 juin 1872, Monseigneur de Ségur, Chanoine-évêque de Saint-Denis, fit une visite à l'Etablissement. Le bon prélat aveugle, d'abord harangué à la cour d'entrée, monta à la chapelle et adressa aux élèves assemblés une allocution touchante ; ses recommandations se fixèrent d'autant mieux dans les esprits que sa parole était plus douce et son visage plus captivant à cause de ses grands yeux, voilés à la lumière et pourtant pleins d'une charmante expression.

C'est dans la chapelle de la place Saint-Jean que furent célébrées les obsèques de M. Antoine Fidon, ce prêtre vénéré, bien connu de la ville et de tout le diocèse. Sa mort arriva le 3 Mai 1874; et à ses funérailles se pressèrent les représentants du clergé et de la société bisontine, désireux de rendre un dernier hommage à ce religieux très humble qui fut surtout puissant par ses vertus et par sa confiance inébranlable en Dieu dans les épreuves physiques et morales qui remplirent sa vie.

Après la mort du Cardinal Mathieu, Monseigneur Paulinier, son successeur sur le siège archiépiscopal, eut l'amabilité de se rendre dans la maison dès le mois de décembre 1875, peu de temps après son installation; il voulut célébrer au milieu de nous et dans notre modeste sanctuaire le saint sacrifice de la Messe; et dès ce jour, il s'engagea à présider la bénédiction de la nouvelle chapelle que déjà l'on voyait sortir de terre.

Quelques semaines plus tôt, après les fêtes de son sacre, un autre prélat, appelé à gouverner le diocèse de Nîmes, Monseigneur Besson, était venu apporter une parole d'adieu à l'Institution Sainte-Marie, se rappelant que de cette maison pendant plus de douze ans lui était venue une phalange de bons élèves. Et, sur ce texte de S. Paul « *Le temple de Dieu est saint; et ce temple est en vous-mêmes,* » l'éloquent évêque prononça à la chapelle une improvisation; on la trouva charmante de bonté, très élevée de doctrine, fort bien appropriée à la circonstance par des allusions délicates au sanctuaire nouveau qui allait s'ouvrir aux rangs des élèves, toujours plus pressés dans l'étroite salle du deuxième étage.

L'heure de l'adieu était en effet venue. Est-il besoin de le dire? Ce local qui semblait nu et froid par lui-même, tous avaient du regret à le quitter; les cérémonies extraordinaires et dignes de mémoire n'avaient pas manqué pour l'animer, on vient de le voir; et chacun de ceux qui avaient prié là gardait dans son cœur bien des souvenirs intimes, ceux qui se sentent d'autant plus vivement qu'on est impuissant à les exprimer.

III

1870-1899

C'est en 1875, après la démolition du vieux bâtiment du Conseiller Bourdot, que furent établies sur le roc vif les fondations de la construction, dont la chapelle actuelle occupe tout un étage. Les travaux étaient assez avancés à Pâques de l'année 1876 pour que l'on pût fixer la date de la bénédiction liturgique au 26 juin. Ce jour était depuis longtemps attendu, et l'on voulait en faire une fête de marque. Monseigneur J. Paulinier, de bénie et vénérée mémoire, dont on ne dira jamais assez la bienveillance pour notre maison, avait accepté la présidence de la fête.

Le prélat fut reçu solennellement dans la grande cour ; MM. les Vicaires généraux, les curés et les supérieurs des communautés religieuses, s'étaient rendus à l'invitation du Directeur (1), M. l'abbé Bosch, et formaient un digne cortège à notre Archevêque. Celui-ci, après avoir revêtu les insignes pontificaux, procéda à la cérémonie, selon les rites de l'Eglise ; puis, la chapelle ayant été ouverte aux élèves et la tribune aux parents, il célébra la première messe qui fut dite dans le nouveau sanctuaire. Après l'Evangile, le Bon Père Simler, Supérieur général de la Société de Marie, qui avait tenu à être de la fête, exprima son bonheur de voir arrivée à bonne fin cette œuvre depuis longtemps projetée, laborieusement préparée par M. Fidon et par lui-même (2) ; puis il expliqua comment par la bénédiction

(1) M. l'abbé Reinbolt avait été nommé supérieur provincial après la mort de M. Fidon, en juillet 1874 ; et M. l'abbé P. Bosch, sous-directeur et préfet des études, lui succéda (1874-1880).

(2) Le R. P. Simler dirigea l'Institution de 1860 à 1867 ; il eut pour successeurs M. Prudham (1867-69), M. Reinbolt (1869-74).

qui venait d'avoir lieu ce local était définitivement
« voué, dédié, consacré au culte du *Bon Dieu* et à l'ha-
bitation de *Jésus-Hostie.* »

Unanimement les assistants rendirent hommage à la
façon habile dont on avait su tirer parti d'une simple
salle haute ; car l'impression produite, quand du vestibule spacieux on pénètre à l'intérieur, est celle d'une
vraie église, et il a fallu beaucoup de goût, d'ingéniosité
pour donner à ce local un si grandiose aspect.

Trois nefs inégales divisent la salle en longueur (1) ;
celle du milieu, la plus haute, cintrée et voûtée à nervures
saillantes, est portée sur deux rangées parallèles de
neuf colonnes, qui se dressent légères et hardies, en formant avec les colonnes plus courtes des bas-côtés d'élé-
gants faisceaux qui sont assez minces pour laisser l'œil
se jouer librement à travers l'édifice. Dans les neuf
arcades collatérales s'ouvre une fenêtre élevée ; et la nef
principale, à l'étage supérieur, est percée de dix-huit baies
en quatre-feuilles, dont les verres peints donnent un jour
vague et mystérieux. Le vaisseau se termine par une abside pentagonale, dont les nervures s'inclinent gracieusement au-dessus de l'autel majeur, lui formant une couronne. Dans le mur qui ferme l'abside est creusée une
grande niche, éclairée latéralement ; là trône la statue,
éclatante de blancheur, de la Vierge de Lourdes, Reine et
Maîtresse de la maison. Des tribunes s'ouvrent autour
de l'abside sur le chœur par des arcades inégales dont
les meneaux à fines colonnettes s'appuient sur la corniche des hautes boiseries qui garnissent les murs du
pourtour ; et au dessus de ces arcades, à la hauteur des
quatre-feuilles de la nef, quatre grandes roses s'épa-
nouissent ; la lumière vive qui les colore, dessine nettement les lignes de l'autel sculpté et peint.

Les ailes latérales de l'édifice s'arrêtent à la naissance
du sanctuaire sans en faire le tour ; on y a disposé les
confessionnaux, et à la muraille ont été attachés, alterna-

(1) La longueur totale de la chapelle est de 35 mètres ; la largeur de 13
mètres. La hauteur sous voûte est de 10 mètres.

tivement avec les fenêtres, des bas-reliefs qui représentent les quatorze scènes du *chemin de la Croix*. (1). Sous les verrières, contre les murs des bas-côtés, s'étend un lambris sculpté dans le bon style roman; la teinte sévère de cette boiserie rehausse l'ensemble et fait valoir les couleurs très claires des murailles et des voûtes.

Ainsi se présentait aux regards la nouvelle chapelle de l'Institution, quand elle fut dédiée au culte du divin Maître, sous le vocable de Marie Immaculée, le 26 Juin 1876.

La piété des maîtres, des parents, des élèves ne se montra pas satisfaite d'avoir préparé cet édifice pour le culte divin; elle continua à le meubler, à l'enrichir d'ornements nouveaux. De fait, la chapelle est comme l'âme et le cœur d'une maison d'éducation chrétienne; dès lors que peut-on faire de trop beau pour l'adapter pleinement à cette destination?

Un ancien élève devenu prêtre et missionnaire au Congo français, le R. P. Georges Bichet, voulut ériger à ses frais le maître-autel. L'œuvre, confiée aux soins et au bon goût de M. Baldauf, fait honneur à son talent artistique: le bois de vieux chêne est sculpté avec finesse, et les peintures de style qui le rehaussent sont d'une exécution irréprochable. Au dessous de la table de l'autel se déroule l'histoire du sacrifice dans la succession des temps: les sacrificateurs prophétiques de l'ancienne loi, Abel, Abraham, Melchisédech, Aaron, entourent Jésus-Christ, le Prêtre et la Victime par excellence dont l'offrande constitue l'unique sacrifice de la nouvelle loi. Le Tabernacle et les gradins s'inspirent de la sainte Communion. La porte derrière laquelle réside l'Hostie eucharistique est dorée, émaillée et piquée de cabochons roses et bleus, et dans le bronze, l'artiste a ciselé en bas-relief la représentation de Jésus-Christ; entouré de l'auréole et assis sur un trône royal, vêtu d'une longue tunique et d'une chlamyde aux plis gracieux, le Sauveur présente

(1) Ces bas-reliefs sont un présent de MM. Edouard et Henri Lacombe, anciens élèves.

de la main droite le Pain sacramentel et, de la main
gauche il tient le calice, montrant du doigt son Cœur dont
il nous a donné le Sang en breuvage. Sur les gradins, on
lit les textes latins dont voici la traduction :

Ma chair est vraiment une nourriture, mon sang vraiment un breuvage.

Celui qui mange ma chair et boit mon sang demeure en moi, et moi en
lui (1).

Aux extrémités, debout sur des socles élevés, deux
anges en terre cuite polychromée, présentent sur des
coussins les instruments de la sanglante Passion qui
a fait du Christ la victime rédemptrice.

L'édicule du tabernacle est surmonté d'un baldaquin;
huit colonnettes détachées supportent la voûte et la cou-
pole; par-dessus le dôme un clocheton s'élance sur des
arcatures ajourées ; la croix ornée qui le domine est à
cinq mètres du parquet. En résumé, c'est là un autel
monumental de belle et délicate structure. Les chande-
liers et la croix de bronze doré qui complètent le tout, sont
encore un don du R. P. Bichet.

Un souvenir touchant se rattache à la statue de Notre-
Dame de Lourdes dont le visage pur et extatique plane
du fond de l'abside; c'est l'ex-voto qu'un jeune élève (2)
voulut laisser en reconnaissance de sa guérison mira-
culeuse obtenue de celle qui est le salut des malades
à Lourdes plus qu'en tout autre endroit.

Les fidèles qui ont visité notre chapelle aux jours solennels, ont tous remarqué le tapis qui recouvre le parquet du sanctuaire et le marchepied de l'autel; c'est
l'ouvrage des mères de nos élèves qui, sous la présidence de Mme de Pardieu, ont brodé de leur main un ou
plusieurs carrés de la tapisserie. Le dessin est simple,
mais gracieux, et ce travail qui a exigé un effort consi-
dérable de temps et de dévouement, fait honneur aux
pieuses dames qui l'ont offert en cadeau à Notre-Sei-

(1) Evangile de Saint-Jean, chap. VI, v. 56 et 57.
(2) M. Camille Aguillon.

gneur. Puisse leur générosité attirer les bénédictions divines sur l'âme de leurs fils et protéger leur existence temporelle et éternelle !

Douze des fenêtres des basses nefs et de la tribune font jouer au soleil leurs tons, habilement variés par le pinceau d'un verrier bien connu (1). Elles représentent en pied, sous des édicules romans, les patrons de l'Eglise, S. Pierre et S. Paul, ceux du diocèse, SS. Ferréol et Ferjeux, des saints particulièrement vénérés à l'Institution, S. Jean l'Evangéliste, S. Thomas d'Aquin, S. Vincent de Paul, S. Louis roi, d'autres chers aux donateurs, S. Antoine, S. Henri, S. Léon pape, Ste Catherine d'Alexandrie. La date de la donation ou le nom du donateur sont inscrits au-dessous de chaque vitrail.

Entre la nef principale et le collatéral de droite, sous le troisième arceau, se trouve la chaire, qui fut placée là en 1880. L'atelier de M. Baldauf y a encore laissé sa bonne marque. C'est un élégant ouvrage d'architecture et de sculpture, appartenant par son style et ses ornements au roman du XIIIᵉ siècle. Les quatre évangélistes, abrités dans des niches, décorent les panneaux de la cuve, et S. Michel terrassant Lucifer (2) remplit le médaillon trilobé du dossier ; l'abat-voix a la forme d'un dais gracieux et ses huit faces sont décorées de pinacles inégaux, que domine la croix du fronton principal.

Presqu'en même temps que la chaire, M. l'abbé Bosch apportait un autre embellissement dans les bas-côtés : il faisait disposer à chaque extrémité, une chapelle, à gauche, du côté de l'Evangile, en l'honneur du Sacré-Cœur, à droite, en l'honneur de S. Joseph. D'un décor simple, qui s'harmonise avec le style de la chapelle et du maître-autel, ces petits autels terminent bien les nefs latérales, dont le mur a été rehaussé d'une riche draperie violette, retombant en plis larges et ondoyants. Sur ce fond se détachent les moindres détails de la sculpture

(1) M. Joseph Beyer, ancien élève de l'Institution.

(2) Ce groupe est une œuvre très ancienne, qu'on a enchâssée dans le dossier de la chaire.

et de l'ornementation : les rétables aux peintures fines et éclatantes (1), les niches aux colonnes annelées, enfin le dais ouvragé qui couronne gracieusement l'ensemble.

Une famille dont l'esprit chrétien et le dévouement à l'Institution sont notoires (2) voulut en laisser un témoignage durable, et, dans cette intention, elle fit les frais de quatre grands lustres de cristal qui furent suspendus à la voûte principale et qui y jetèrent un nouvel éclat.

En 1884, on s'occupa de revêtir de boiseries et de peintures murales le grand escalier et le vestibule qui conduisent à la chapelle. Les douze Apôtres du Sauveur et les principaux Docteurs de l'Eglise forment le long des parois une galerie historique de dix-neuf personnages, depuis S. Pierre porte-clefs jusqu'à S. Bernard, le Docteur de Marie comme on l'a appelé. Ne sont-ils pas à leur place, dans ce portique d'entrée ? Ils ont initié leurs contemporains à la connaissance du nom et de la doctrine de Jésus-Christ ; à eux il appartient encore de nous introduire dans le sanctuaire où ce même Jésus-Christ daigne habiter sacramentellement, vivant objet de notre foi et de notre amour.

En 1885, à l'entrée du sanctuaire, grâce à l'inépuisable libéralité de la famille Tissot, on installa sur des piédestaux sculptés et décorés deux anges adorateurs et porte-flambeaux de grandeur naturelle ; leur attitude si religieuse apprend aux enfants le respect et la religion qu'il convient d'avoir devant l'autel du Seigneur.

A nos solennités religieuses il manquait les sons puissants de l'orgue pour soutenir l'accord des voix humaines dans la célébration des offices. Le produit de quêtes généreusement accueillies permit d'y pourvoir en 1885. Le jour de la Toussaint on bénit et on inaugura un instrument que l'on devait à un constructeur de la

(1) Le Cœur de Jésus crucifié est percé d'une lance, — le Cœur de Jésus se manifeste à la Bienheureuse Marguerite-Marie, d'un côté ; de l'autre, S. Joseph à Nazareth, — S. Joseph mourant, ont été représentés sur les panneaux à arcatures des rétables.

(2) M. le Président de Chambre d'Orival et sa famille.

région, M. Calinet (de Vesoul) ; la combinaison et l'expression des jeux récemment améliorés par M. Didier (d'Epinal) ne manquent pas de mérite ; la difficulté était de les bien proportionner à l'édifice, et les résultats obtenus n'ont pas trompé l'attente des donateurs. Le buffet qui enferme le mécanisme et où s'étale la montre est dû à un sculpteur alsacien, M. Klemm (de Colmar) ; simple et conçu avec goût, il est, de l'avis général, d'un faire remarquable.

Le même sculpteur plaça en 1888, entre les trois portes, deux rangées de stalles et deux bancs, destinés aux directeurs et aux professeurs. C'était le plus sage moyen de garnir le fond encore vide de la chapelle ; ces sièges sont d'une menuiserie irréprochable, et les moulures du dossier, les colonnettes de l'accoudoir, les bas-reliefs y sont ciselés d'une main sûre et délicate.

Ainsi année par année s'est complétée l'ornementation de notre chapelle ; et de mieux en mieux les cérémonies liturgiques peuvent s'y déployer largement. Un essaim nombreux d'enfants de chœur en relève la pompe ; fort bien costumés dans leurs soutanelles rouges ou violettes, leurs surplis brodés et leurs mules écarlates, ils évoluent gravement sous la conduite d'un cérémoniaire qui dirige leurs mouvements. Les élèves de la chorale rivalisent de zèle et d'efforts ; et ils ne calculent pas avec leur peine, quand il s'agit du service de Dieu. Tout ainsi contribue à l'éclat extérieur du culte, non sans profit pour l'âme qui est elle-même atteinte dans son fond, grâce à ces impressions des sens.

A l'ombre de ce sanctuaire qui élève sa croix dans nos cours aux yeux de tous, grandissent les unes après les autres les générations d'élèves, que chaque année nous amènent leurs parents à la messe solennelle du Saint-Esprit. Autour de cet autel ces enfants qui se succèdent viennent, à l'âge fixé, se grouper, pour la première communion ; les membres de la famille émus les accompagnent en ce jour de bonheur, et tous sentent un plus étroit rapprochement s'opérer entre leurs âmes et le Dieu du ciel *qui a visité notre terre.* Puis, après quelques mois écoulés, la confirmation leur apporte les dons de l'Esprit de Dieu ; et avant le combat de la vie, la main pontificale qui marque leurs fronts du signe de la croix fait de ces enfants des hommes, de ces chrétiens des soldats. Souvent aussi, presque chaque année (1), l'un ou l'autre de ces petits, devenu grand et choisi par le Maître des cœurs, revient à son sanctuaire bien-aimé ; il monte les degrés de l'autel et, pour la première fois, il immole en ses mains consacrées le Pain et le Vin eucharistiques, décidé à se dévouer lui aussi, corps et âme, au salut du prochain. Le jour où la maison célébra le cinquantenaire de sa fondation, le 25 octobre 1888, c'est l'archevêque de Besançon, Mgr Ducellier, qui voulut honorer notre chapelle en accomplissant solennellement les fonctions pontificales à la Messe d'action de grâces. Dans toutes ces saintes et douces choses se trouvent pour les maîtres et les élèves les vraies joies et les meilleurs souvenirs.

Mais reprenons notre récit : car récemment encore la chapelle a reçu un nouvel embellissement ; à la suite de dons généreux, les murs se sont couverts de peintures d'une exquise délicatesse, dues au pinceau d'artistes bisontins (2). On nous saura gré de finir cet historique de nos trois chapelles successives, en donnant une brève description de la décoration actuelle.

L'ornementation des murs est d'une simplicité gracieuse : c'est la combinaison de plusieurs appareils qui sont empruntés aux meilleurs modèles du moyen âge. Les assises de pierre, plus larges et plus fortes à la base, diminuent de volume dans les parties supérieures ; elles sont relevées par des fleurs de lys et d'autres dessins.

(1) A l'heure présente, en comptant depuis la fondation, 150 élèves de l'Institution sont entrés dans les rangs du clergé séculier ou régulier ; le tiers au moins de ces prêtres remplit le saint ministère dans le diocèse de Besançon.

(2) Sous la direction de M. l'architecte Simonin, M. Allard-Beyer a exécuté le travail.

Des galons et des moulures les encadrent, représentant des ornements variés : chevrons brisés, croix et fleurons alternant, rinceaux ponctués et perlés.

Les colonnes ont pris, deux à deux les tons de la pierre rouge sombre et du granit blanc ; leurs faisceaux, légers encore mais plus fermes, soutiennent mieux la voûte, dont la teinte d'un azur très clair semble augmenter aussi d'élévation et de profondeur. Les nervures arrondies, imitant la pierre rose, retombent sur les chapiteaux dont la corbeille, appareillée aux clefs des voûtes, étale en vert foncé les feuilles de l'acanthe ou du chardon, et en teinte plus claire les volutes angulaires. Les tailloirs sont reliés entre eux, le long des nefs, par une moulure continue, représentant un large entablement avec corniche et modillons à arcatures; les lignes générales de l'édifice y gagnent en force et en harmonie. Les écoinçons compris entre cette moulure et les arceaux des nefs sont timbrés des lettres S M entrelacées et rehaussées par d'élégantes arabesques.

Les dix-huit baies en quatre-feuilles qui éclairent la voûte ont reçu des verrières historiées. Leurs peintures variées retracent l'histoire de la Vierge Marie à qui est dédiée la chapelle. D'un côté, c'est à partir de l'autel :

Là Nativité (symbolisée par l'arbre de Jessé) ;

La présentation de Marie par Anne et Joachim au temple de Jérusalem ;

Le mariage de la jeune Vierge avec Saint Joseph ;

L'annonciation de la Maternité divine ;

La visite de Marie à sa cousine Elisabeth ;

La naissance du Fils de Marie à Bethléem ;

La fuite en Egypte de la sainte famille, menacée par Hérode ;

Marie retrouvant au temple de Jérusalem son fils, âgé de douze ans, au milieu des docteurs de la loi juive.

De l'autre côté en partant de la tribune, c'est :

Marie à Nazareth avec Jésus et Joseph ;

L'eau changée miraculeusement en vin, à Cana, sur la prière de Marie ;

La Vierge-Mère rencontrant son fils Jésus conduit au Calvaire et tombant sous le poids de sa croix ;

Jésus donnant Marie pour mère à Jean et à tous les fidèles ;

Marie recevant le cadavre de son fils, à la descente de la croix ;

Saint Jean donnant la communion à Marie, après l'Ascension ;

Le Saint-Esprit descendant au Cénacle sur Marie et les apôtres ;

Marie, après sa mort, enlevée au Ciel en corps et en âme ;

La Trinité décernant à Marie glorifiée la couronne de Reine du monde.

Ce sujet se poursuit dans les quatre grandes rosaces du sanctuaire qui symbolisent dans des emblèmes parlants les divers titres que l'Eglise attribue à Marie ; et le cercle se ferme au trône même de l'Auguste Vierge qui apparaît au sommet de l'abside.

Dans le plan général de la décoration, tout ce qui orne la nef est plutôt doux, propre à reposer l'œil. Les tons vifs, les ornements plus riches ont été réservés pour le sanctuaire ; ici le bleu transparent des voûtes est rehaussé de légers rinceaux d'or ; les clefs de voûte et les chapiteaux sont piqués de points et de filets dorés qui éclaircissent le vert sombre des feuillages déchiquetés.

A chaque angle formé par les rosaces et l'entablement, sont des médaillons trilobés qui portent les divers emblèmes de la soumission à l'Eglise, de la foi, de l'espérance et de la charité ; plus près de l'autel, sont reproduits dans des trèfles pareils tous les instruments de la Passion. Sous la corniche qui relie les tailloirs, huit autres médaillons remplissent les écoinçons : les quatre des premières travées portent avec leurs devises respectives l'écu de la Franche-Comté, celui de la ville de Besançon, celui de la Société de Marie et celui de l'Institution ; autour de l'autel, dans les quadrilobes à fond bleu, ce sont les emblèmes eucharistiques, le calice, l'ostensoir, l'agneau mystique et le monogramme du Christ qui sont dessinés en or et en argent.

La niche de la Vierge Immaculée qui domine le ciborium du tabernacle attire surtout le regard. Son encadrement est peint avec goût et richesse : les colonnettes surmontées de clochetons, le fronton triangulaire couronné d'un bouquet de feuillages frisés, le tympan percé de trèfles et portant dans une rose centrale les initiales de Marie, toutes ces pièces ont reçu un décor assorti aux tons et au genre qui caractérisent le maître-autel; si bien que du milieu de la nef la niche et l'autel semblent être un même ouvrage, dont l'une est le couronnement de l'autre.

Une large banderole flotte autour du fronton sur un fond rose tendre ; des lettres gothiques y retracent la devise des enfants de Marie : *Per Matrem ad Filium*, *c'est par la Mère que vous arriverez au Fils*. Pour rattacher les colonnettes de la niche aux grandes colonnes qui reçoivent et portent la voûte absidale, deux courtines sont tendues en un gracieux feston d'un chapiteau à l'autre ; le tissu de velours vert broché d'or est semé de fleurons alternant avec le chiffre de la Sainte Vierge. Plus bas, sous les consoles ornées qui soutiennent le cadre de la niche, un triptyque à compartiments inégaux rappelle les principales allégories que la flore liturgique a préférées pour désigner Notre-Dame : c'est au milieu, dans le panneau le plus large, la vigne qui a donné son fruit dans le Sacrement de l'Eucharistie, *quasi vitis fructificavi;* à droite, le lys croissant dans les épines, *lilium inter spinas* ; à gauche, le rosier couvert de fleurs épanouies, *quasi plantatio rosæ*; et ces deux fleurs, lys et rose, se répètent avec leurs nuances adoucies, dans les arcatures de la balustrade qui ferme les tribunes en faisant le tour du chœur.

Telle est, en cette année 1899, la chapelle de l'Institution Sainte-Marie. Puisse-t-elle, ainsi restaurée, jeter encore plus abondamment les semences de foi et de piété dans les jeunes âmes qui chaque jour viennent y offrir leurs priéres à Dieu et à la Bonne Mère du Ciel ! Daigne Dieu récompenser aussi tous les bienfaiteurs dont le concours si empressé et les munificences si libérales nous ont aidé à revêtir d'une brillante parure la demeure que sa Majesté s'est choisie parmi nous !

C'est encore l'esprit du vénéré M. Fidon qui fait vivre l'Institution, comme le prouvent tous ces détails ; les principes de direction n'ont pas changé, et l'éducation que les maîtres d'aujourd'hui s'efforcent de donner à leurs élèves, a le même but : établir dans les âmes, avec une foi et une religion solides, le culte du devoir et des habitudes de vie sérieuse, utile, laborieuse. *Fortes in fide et labore !* C'est la devise qu'ils ont à cœur de réaliser.

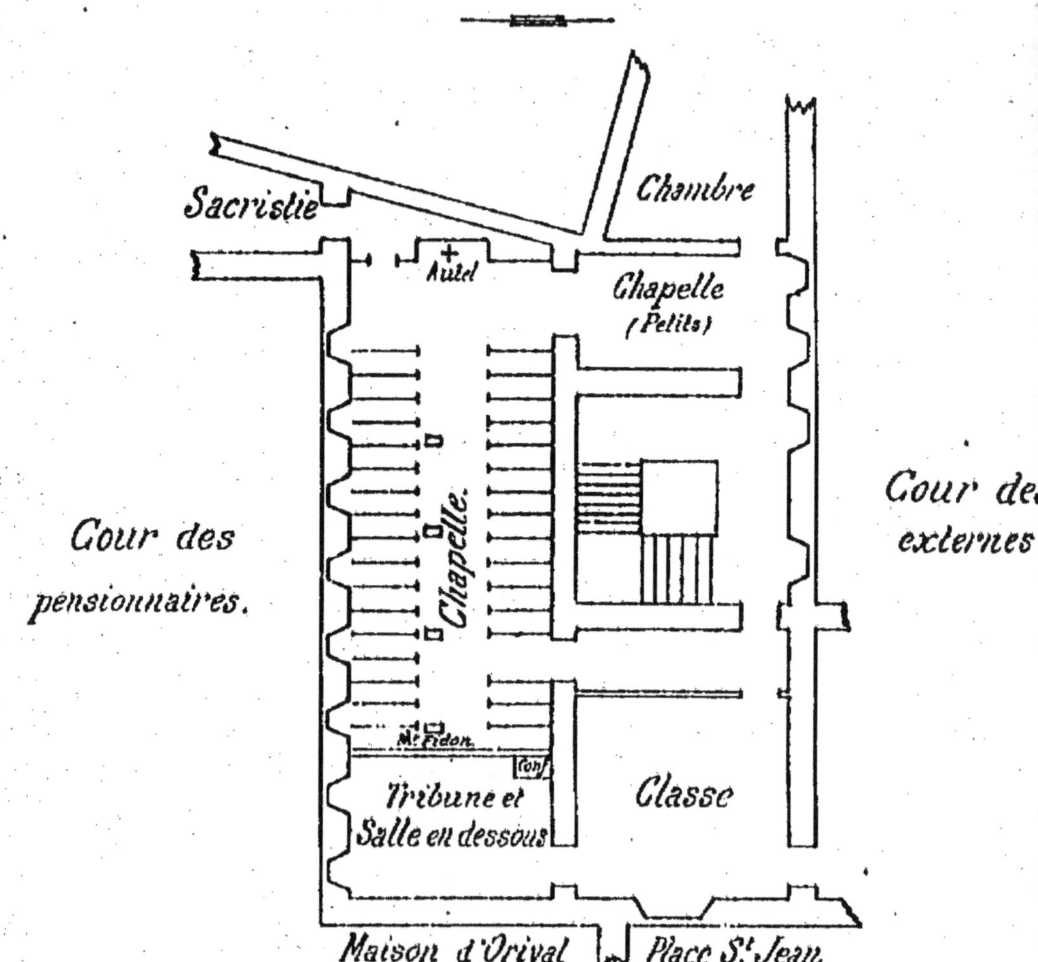

Institution Ste Marie
Sacristie
Chambre
Autel
Chapelle
(Petits)
Chapelle.
Cour des
pensionnaires.
Cour des
externes
Mr Fidon.
Tribune et
Salle en dessous
Classe
Maison d'Orival
Place St Jean
1er Étage. Chapelle en 1855

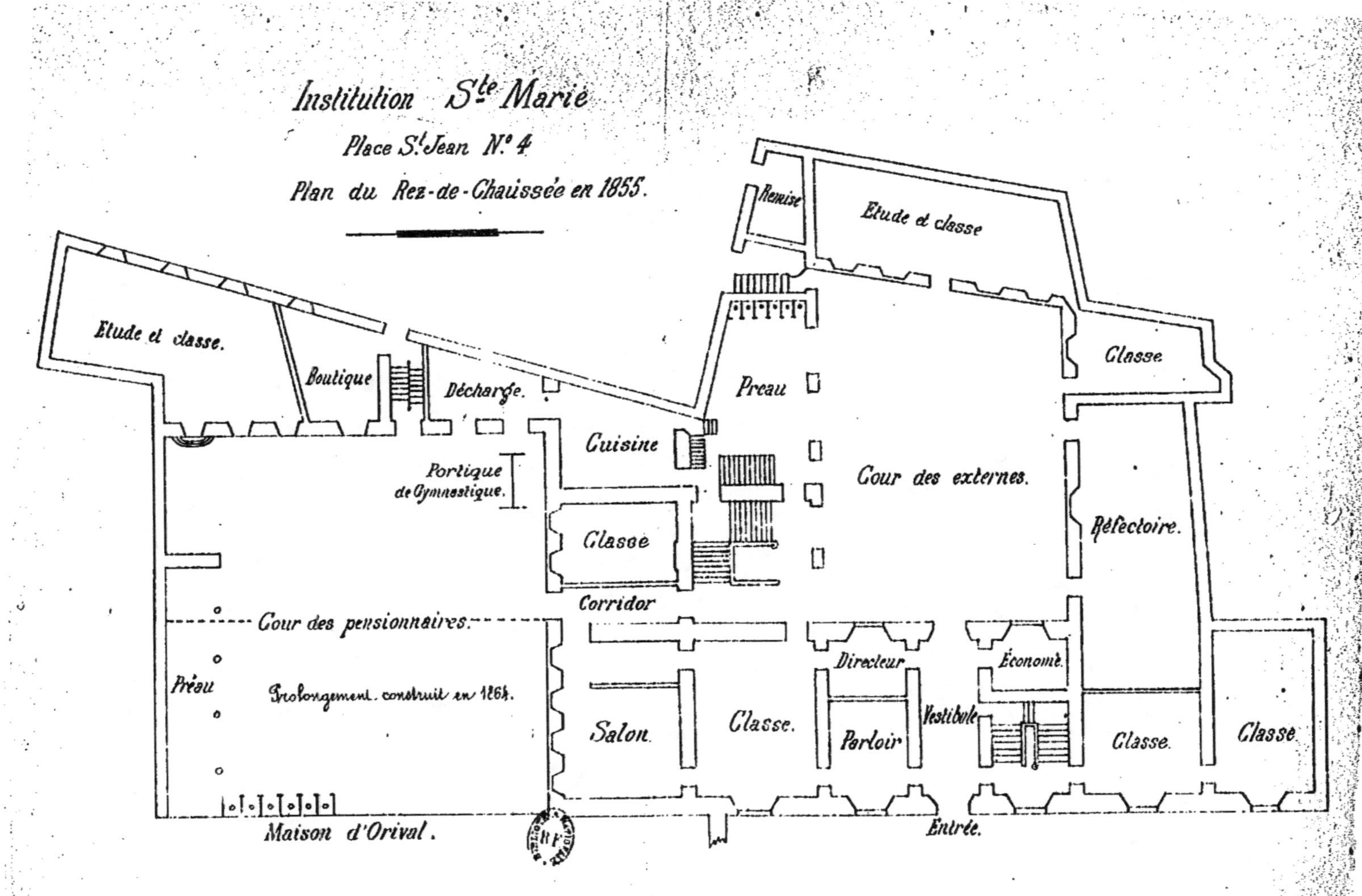

Institution Ste Marie
Place St Jean No 4
Plan du Rez-de-Chaussée en 1855.
Etude et classe.
Remise
Etude et classe
Boutique
Décharge.
Classe
Preau
Cuisine
Portique de Gymnastique.
Classe
Cour des externes.
Réfectoire.
Corridor
Cour des pensionnaires.
Préau
Prolongement construit en 1864.
Directeur
Économe.
Salon.
Classe.
Parloir
Vestibule
Classe.
Classe
Maison d'Orival.
Entrée.